Découvrez l'histoire par les archives de presse

RETRONEWS

Le site de presse de la BnF

www.retronews.fr

Louis LATOURRETTE

1910

ANNUAIRE

des

Valeurs Nouvelles

Négociées en 1909 en Bourse de Paris

PARQUET & COULISSE

(Fonds d'États, Valeurs Industrielles, Actions et Obligations)

ÉDITION
de
"l'Annuaire des Valeurs Nouvelles"
93, Rue Lepic - Paris.

Louis LATOURRETTE

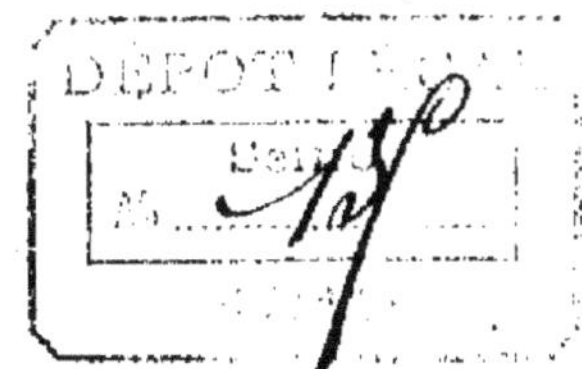

1910

ANNUAIRE

des

Valeurs Nouvelles

Négociées en 1909 en Bourse de Paris

PARQUET & COULISSE

(Fonds d'États, Valeurs Industrielles, Actions et Obligations)

ÉDITION
de
"l'Annuaire des Valeurs Nouvelles"
93, Rue Lepic - Paris.

Prix : **2 fr. 75** net

Établi en toute impartialité et selon des documents strictement officiels, sommaire mais aussi complète, cette publication a seulement pour objet de constituer un « memento » de consultation facile et rapide, — utile en même temps aux professionnels de la Bourse et aux capitalistes.

Il y est mentionné, avec leur date de première cotation, les valeurs — fonds d'Etats et valeurs industrielles, français et étrangers, actions et obligations — négociées en 1909 sur la Bourse de Paris, au Marché Officiel et au Marché en Banque, à terme et au comptant.

L'ouvrage a trois divisions :

1° Le résumé, dans l'ordre alphabétique des dénominations, des documents statutaires intéressant les valeurs entièrement nouvelles et les valeurs de type nouveau introduites par des Sociétés dont les titres de type différent figuraient antérieurement aux cotes. Les Fonds d'Etats composent une première partie précédant celle consacrée aux valeurs industrielles. — En ce qui concerne spécialement les valeurs du Marché en Banque, il a été relevé, à leur date de première cotation, celles qui ont été inscrites dans l'une ou plusieurs des Cotes suivantes : Cote du Marché des Banquiers en valeurs à terme, Cote du Marché des Banquiers en valeurs au comptant, Cote de la Bourse et de la Banque (Cote Vidal), Cours de la Banque et de la Bourse (Cote Desfossés) et Cote de l' « Information ». Un relevé des premiers cours, des plus hauts et plus bas cours et des derniers cours cotés permet de suivre les mouvements significatifs des valeurs les plus actives.

2° Une simple nomenclature des titres nouveaux, mais de type semblable à des titres antérieurement cotés, émis et introduits officiellement en augmentation de capital-actions ou de dette obligataire.

3° Un tableau de hausse et de baisse des valeurs les plus actives, par comparaison du premier cours inscrit avec le dernier cours en 1909.

L'ensemble de ces trois divisions répond au but recherché dans cette publication : offrir au public des précisions documentaires en même temps qu'une physionomie typique de la vie des nouvelles valeurs négociées en 1909 sur la Bourse de Paris.

INDICATIONS

La mention « PUBLICATIONS B. A. » désigne les numéros dans lesquels ont paru au « Bulletin Annexe du Journal Officiel de la République Française » les insertions de Sociétés, obligées par la loi de finances du 30 janvier 1907. Les intéressés seront ainsi à même de connaître la source de détails qui ne pouvaient trouver place dans ce memento.

Les Valeurs de Chemins de Fer et celles portant la mention « Etablissements » sont groupées sous ces deux dénominations.

Pour les Valeurs cotées à la fois à terme et au comptant, les cours relevés sont seulement ceux du comptant.

Pour les Valeurs à terme inscrites quelque temps à une liquidation spéciale, il n'a pas été tenu compte des cours inscrits avant la date de cotation définitive.

La mention « Dernier dividende » désigne les dividendes inscrits aux cotes à la date du 31 décembre 1909. De même pour la mention « Coupon 1 attaché ».

La Table des Matières est seulement consacrée aux Valeurs de la première division de l'ouvrage.

TABLE DES MATIÈRES

VALEURS NOUVELLES

Fonds d'États - Provinces - Villes
FRANCE & ÉTRANGER

VALEURS NOUVELLES

Fonds d'États
Provinces = Villes

FRANCE & ÉTRANGER

Fonds d'Etats,
Provinces, Villes

FRANCE & ÉTRANGER

PARQUET & COULISSE

Afrique Occidentale Française 3 0/0 1907.

5 avril, cotation au Parquet, au comptant et à terme, de 68.571 obligations de 500 francs 3 %. — Ces obligations représentent une deuxième fraction de l'Emprunt 3 % 1907 de l'Afrique Occidentale Française. — Emises à 450 francs, entièrement libérées et au porteur. — Intérêt annuel : 15 francs, nets d'impôts présents et futurs, payables par moitié, les 1er avril et 1er octobre. — Remboursement au pair, par tirages au sort semestriels, en 48 ans au plus, de 1909 à 1957.

Premier cours inscrit : 463.
Dernier cours : 458, le 31 décembre.

Argentine (Républ.). — Dette Intér. 5 0/0 1905.

8 janvier, cotation en Banque au comptant, des titres de cet emprunt. — Montant dudit emprunt : pesos 82.030.400. — Emises en conversion de diverses dettes 6 % appelées au remboursement en juillet 1905. — Intérêt annuel : 5 %, payable en pesos monéta légal, les 1er mars, 1er juin, 1er septembre et 1er décembre (en Europe, six semaines après environ). — Amortissement en 36 ans par rachats en Bourse tant que le titre est au-dessous du pair, par tirages au sort lorsque le pair est dépassé. — Service financier à la Banque Alfred Gans et Cie, 26, rue Laffite, Paris.

Premier cours inscrit : 92,50.
Plus haut cours : 100,80. — Plus bas : 92,50.
Dernier cours : 96,10, le 22 décembre.

Brésil 5 0/0 or 1908 (Pernambuco).

25 février, cotation au Parquet, au comptant et à terme, de 80.000 obligations de 500 francs 5 % 1908. — Elles font partie d'un emprunt total maximum de 84.528.300 francs, destiné aux travaux d'amélioration du port de Pernambuco. — Emises le 30 janvier à 465 francs, libérées et au porteur. — Intérêt annuel : 25 francs, payables les 1er février et 1er août, nets de tous impôts brésiliens présents ou futurs, ainsi que de tous impôts existant en France au moment de l'émission. — Remboursement en 50 ans, de 1914 à 1964, soit au pair, par tirages au sort semestriels en mai et novembre, soit par rachats en Bourse. — Les cours se cotent en obligations. — Service financier à la Banque Française pour le Commerce et l'Industrie et au Crédit Mobilier Français.

Premier cours inscrit : 480.
Plus haut cours : 515. — Plus bas : 480.
Dernier cours : 513, le 31 décembre.

Brésil 5 0/0 1908.

26 juillet, cotation au Parquet, au comptant et à terme, de 100.000 obligations nouvelles de 500 fr. 5 %, émises à 97 %, représentant une deuxième fraction de l'Emprunt 5 % 1908 des Etats-Unis du Brésil. — Service financier à Paris, à la Société Générale, à la Banque de Paris et des Pays-Bas et au Comptoir National d'Escompte.

Premier cours inscrit : 98,80.
Dernier cours : 103, le 31 décembre.

Buenos Ayres (Province de, 5 0/0 or 1908).

11 janvier, cotation au Parquet, au comptant, de 37.500 obligations de 500 francs 5 %. — Elles forment la moitié de l'Emprunt 5 % or 1908 de la Province de Buenos Ayres. — Emises à 447 fr. 50, libérées et au porteur. — Intérêt annuel : 25 francs, nets d'impôts, payables par moitié les 1er avril et 1er octobre. — Amortissables en 37 ans, de 1908 à 1944, soit au

pair par tirages au sort annuels, soit par rachats en Bourse, avec faculté de remboursement anticipé à partir de 1910. — Service financier au Crédit Mobilier Français, rue Saint-Georges, 3 et 5, Paris.

Premier cours inscrit : 475.
Plus haut cours : 518. — Plus bas : 475.
Dernier cours : 510, le 31 décembre.

Buenos Ayres (Province de, 4 1/2 0/0 or 1909).

28 juillet, cotation au Parquet, au comptant et à terme, de 83.333 obligations de 504 francs, 4 1/2 %. Elles représentent la partie réservée au marché français, de l'Emprunt 4 1/2 % 1909 de la Province de Buenos Ayres. — Garantie de la Province de Buenos Ayres et de la ligne de chemin de fer de la Plata au méridien V, à laquelle est affecté le produit de l'emprunt. — Emises à 453 fr. 60, libérées et au porteur. — Intérêt annuel : 22 fr. 68, nets d'impôts, payables par moitié les 1er juin et 1er décembre. — Remboursement au pair de 1913 à 1951, par tirages au sort annuels, sous réserve de remboursement anticipé à toute époque. — Service financier à Paris, au Crédit Mobilier Français, chez MM. Bénard et Jarislowski, rue Scribe, 19 et chez MM. Louis Dreyfus et Cie, rue de la Banque, 4.

Premiers cours inscrits : 462-461.
Plus haut cours : 495. — Plus bas : 461.
Dernier cours : 489, le 31 décembre.

Buenos-Ayres (Province de). — Dette Intérieure 6 0/0, Obras La Plata.

22 novembre, cotation en Banque au comptant, des obligations de 500 et de 1.000 pesos, composant l'emprunt de 6.500.000 pesos (monnaie nationale) ayant pour objet les travaux d'assainissement et d'eaux de la ville de La Plata. — Intérêt annuel : 6 %, payables les 1er janvier, 1er avril, 1er juillet, 1er octobre. Les coupons se détachent six semaines avant la date inscrite sur les coupons. Le prix du change est fixé à ce moment par la banque assumant le service financier. — Amortissement : en 33 ans, par voie de tirages au sort ou par rachats si le cours est au-dessous du pair. — Garantie générale de la Province de Buenos-Ayres et garantie spéciale des impôts fonciers de la ville de La Plata. — Les négociations se feront au change fixe de 2 fr. 25 le P. — Service financier à Paris à la Banque Argentine et Française, 85, boulevard Haussmann.

Premiers cours inscrits : 95,10-95,30.
Plus haut cours : 97,50. — Plus bas : 94,90.
Dernier cours : 96,50, le 30 décembre.

Carthagène (Ville de, 5 0/0 1908).

18 octobre, cotation en Banque, au comptant, de 8.000 obligations de 500 pesetas 5 %. — Elles constituent le montant de l'emprunt de 4 millions de pesetas autorisé pour travaux nouveaux dans la ville par ordonnance royale du 20 mai 1908. — Intérêt annuel : 25 pesetas, payables par coupons trimes-

triels de 6 p. 25, les 1er janvier, 1er avril, 1er juillet et 1er octobre. — Amortissement au pair en 25 ans, par tirages annuels devant commencer au plus tard en 1914. — Garanties : le montant de l'impôt sur la propriété urbaine de la ville, ses nouveaux quartiers et faubourgs compris dans le réseau des égouts. — Service financier à Paris, à la Banque Privée Lyon Marseille.

Premier cours inscrit : 438.
Plus haut cours : 440. — Plus bas : 438.
Dernier cours : 440, le 31 décembre.

Congo Français (Emprunt 1909).

22 novembre, cotation au Parquet au comptant et à terme, de 34.266 obligations de 500 francs 3 %. — Elles représentent une première portion de l'Emprunt 3 % 1909 du gouvernement général du Congo Français. — Emises à 452 fr. 50, libérées et au porteur. — Intérêt annuel : 15 francs nets d'impôts, payables par moitié, les 1er mai et 1er novembre. — Remboursables au pair, de 1910 à 1959, par tirages au sort annuels en octobre, sous réserve de remboursement anticipé à partir de 1914. — Les cours se cotent en obligations. — A terme, les négociations ont lieu par 25 obligations et les multiples. — Liquidation mensuelle. — Service financier chez MM. J. Loste et Cie, rue de Châteaudun, 52, et à la Société Centrale des Banques de province, rue Lafayette, 20 bis.

Premier cours inscrit : 454.
Plus haut cours : 460. — Plus bas : 453.
Dernier cours : 457, le 31 décembre.

Danemark 3 1/2 0/0 or 1909.

22 décembre, cotation au Parquet au comptant et à terme, de l'Emprunt Danois 1909 de 40.320.000 couronnes ou 56.000.000 de francs. Les titres sont divisés comme suit : 60.000 titres de 360 couronnes ou 500 francs ; 12.500 titres de 720 couronnes ou 1.000 francs ; 5.400 titres de 1.800 couronnes ou 2.500 fr. — Intérêt annuel : 17 fr. 50 par titre de 360 couronnes ou 500 francs, payables par moitié, les 1er février et 1er août. — L'Emprunt n'est pas amortissable. Toutefois le gouvernement s'est réservé le droit de le rembourser en totalité ou en partie, soit par rachats, soit par tirages au sort, à partir du 1er février 1920. — Les cours se cotent en obligations. — Service financier à Paris, au Crédit Industriel et Commercial, 66, rue de la Victoire et à la Société Centrale des Banques de Province, 20 bis, rue Lafayette.

Premiers cours inscrits : 502,50-503-502.
Plus haut cours : 503. — Plus bas : 500.
Dernier cours : 501,50, le 31 décembre.

Espirito Santo 5 0/0 1908 (Etat de).

10 décembre, cotation en Banque au comptant, de 60.000 obligations de 500 francs 5 % or. — Elles re-

présentent un emprunt de 30 millions de francs créé pour divers rachats, conversions et travaux. — Intérêt annuel : 5 % net, payable en or, par moitié, les 5 avril et 5 octobre. — Amortissement en 40 ans, de 1910 à 1949, par voie de rachat sur le marché ou par voie de tirage au sort et au pair (en août). — Garantie absolue et irrévocable par l'Etat de Espirito Santo d'une annuité de 1 million 748.344 fr. 80, gagée sur divers produits et revenus. — Service financier à Paris, à la Banque I. R. P. des Pays Autrichiens et à la Banque Victor, 13, boulevard Haussmann.

Premier cours : 482,50.
Plus haut cours : 485. — Plus bas : 482,50..
Dernier cours : 485, le 31 décembre.

Guadeloupe (Emprunt 4 0/0 1908).

15 avril, cotation au Parquet au comptant, de 2.106 obligations de 500 francs 4 %. — Emises à 497 fr. 50, libérées et au porteur. — Intérêt annuel : 20 francs nets d'impôts présents et futurs, payables par moitié, les 15 avril et 15 octobre. — Remboursables au pair, par tirages au sort annuels, de 1909 à 1933, sous réserve de remboursement anticipé à partir de 1919. — Service financier au Crédit Algérien, 10, Place Vendôme.

Premier cours : 487,50.
Plus haut cours : 502. — Plus bas : 487,50.
Les cours sont assez rares.

Indo-Chine (Emprunt 3 0/0 1909).

16 avril, cotation au Parquet, au comptant et à terme, de 119.638 obligations de 500 francs 3 %. — Garantie du gouvernement français. — Ces obligations ont été émises à 453 fr. 50, libérées et au porteur. — Intérêt annuel : 15 francs nets d'impôts présents et futurs, payables les 1er avril et 1er octobre. — Remboursement au pair en 75 ans, par tirages au sort semestriels, à partir du 1er mars 1910. — Les cours se cotent en obligations. — Négociations à terme par 25 obligations et les multiples. — Service financier : Banque de Paris et des Pays-Bas, Comptoir National d'Escompte, Société Générale, Crédit Industriel et Commercial, Crédit Lyonnais.

Premier cours inscrit : 454.
Plus haut cours : 455. — Plus bas : 445.
Dernier cours : 454,50, le 31 décembre.

Kioto (Ville de) 5 0/0 1909. Emprunt Extérieur.

12 juillet, cotation au Parquet, au comptant et à terme, de 90.000 obligations de 500 francs 5 %. — Emises à 495 francs, libérées et au porteur. — Intérêt annuel : 25 francs, nets de tous impôts présents ou futurs en France et au Japon, payables par moitié, les 1er janvier et 1er juillet. — Amortissables en 20 années au plus, à partir de 1919, soit au pair par voie de tirages au sort, soit par rachats

en Bourse. — Service financier à Paris, à la Banque de l'Union Parisienne et à la Société Marseillaise de Crédit Industriel et Commercial et de Dépôts.

Premiers cours inscrits : 495-495,50.
Plus haut cours : 520. — Plus bas : 495.
Dernier cours : 516,25, le 31 décembre.

Nicaragua 6 0/0 or 1909 (République du).

5 juin, cotation en Banque au comptant, de 25.000 obligations de 504 francs 6 %. — Elles constituent une première tranche de £ 1.000.000 de l'emprunt de £ 1.250.000. — Emises à 471 fr. 25. — Intérêt annuel : 30 fr. 24, payables en or, par moitié, les 1er janvier et 1er juillet. — Amortissement au pair dans un délai de 35 ans, par tirages au sort ou par rachats en Bourse, sous réserve de remboursement anticipé avec préavis de 6 mois. — Garanties des droits de douane, de divers chemins de fer et de diverses annuités reçues par le gouvernement. — Service financier à Paris, à la Banque Commerciale et Industrielle, 25, rue de Clichy.

Le dernier cours au 31 décembre est de 466.

Nouvelle-Calédonie 4 0/0 1909 (Colonie de la).

4 décembre, cotation au Parquet au comptant, de 7392 obligations de 500 francs 4 %. — Emises à 495 francs, libérées et au porteur. — Intérêt annuel : 20 francs, nets de tous impôts présents et futurs, payables par moitié, les 1er mars et 1er septembre. — Remboursables au pair de 1909 à 1959, par tirages au sort annuels en janvier, sous réserve de remboursement anticipé à partir de 1919. — Service financier à Paris au Crédit Algérien, 10, place Vendôme.

Premier cours inscrit : 501.
Plus haut cours : 504. — Plus bas : 501.
Dernier cours : 503, le 31 décembre.

Ottoman (Emprunt 4 0/0 1908).

6 août, cotation au Parquet au comptant et à terme, de 54.714 obligations de 500 francs 5 %. — Ces obligations représentent la partie émise en France de l'Emprunt Ottoman 4 % 1908, d'un montant total de 107.071.000 francs. — Emises à 450 fr., libérées et au porteur. — Intérêt annuel : 20 francs, payables par moitié, les 14 janvier et 14 juillet. — Amortissables en 56 ans, de 1910 à 1965, par tirages au sort semestriels ou par rachats en Bourse, sous réserve de remboursement anticipé ou de conversion à partir du 14 juillet 1919. Les cours se cotent en obligations. — Service financier à Paris à la Banque Impériale Ottomane, au Comptoir National d'Escompte et à la Société Générale.

Premier cours inscrit : 448.
Plus haut cours : 475. — Plus bas : 448.
Dernier cours : 471,75, le 31 décembre.

Ottoman (Emprunt 4 0/0 1909).

8 novembre, cotation au Parquet au comptant et à terme, de 318.182 obligations de 500 francs 4 %. — Emises pour partie en France à 450 francs, libérées et au porteur. — Intérêt annuel : 20 francs, payables par moitié, les 14 juin et 14 décembre. — Amortissables en 40 ans, de 1910 à 1949, par tirages au sort semestriels, en avril et en octobre, ou par rachats en Bourse, sous réserve de remboursement anticipé ou de conversion à partir de 1920. — Garanties de diverses dîmes de villayets. — Les cours se cotent en obligations. — Service financier à Paris : Banque Impériale Ottomane, Banque Française pour le Commerce et l'Industrie, Banque de Paris et des Pays-Bas, Banque de l'Union Parisienne, Comptoir National d'Escompte, Crédit Industriel et Commercial, Société Générale.

Premiers cours inscrits : 454-450.
Plus haut cours : 459,50. — Plus bas : 450.
Dernier cours : 457, le 31 décembre.

Pernambuco (Etat de), Emprunt 5 0/0 or 1909.

14 septembre, cotation en Banque au comptant et à terme, de 75.000 obligations privilégiées de 500 francs, 5 % or. — L'emprunt porte sur un montant de 37.500.000 francs en 75.000 obligations de 500 francs, dont 40.000 ont été émises en juin par la Banque Privée Lyon Marseille. — Emises à 465 francs. — Intérêt annuel : 25 francs, nets de tout impôt brésilien, et d'impôts existants actuellement en France, payables par moitié, les 15 juin et 15 décembre. — Amortissement au pair en 35 ans, par tirages au sort à partir du 15 mai 1910, sauf droit de remboursement au pair avec préavis de 6 mois. — Garantie générale de l'Etat de Pernambuco et comme garanties spéciales : les recettes provenant de l'impôt des patentes, celles de l'impôt foncier et le revenu du service des égouts et de la canalisation de la capitale, pour lesquels a été contracté l'emprunt. — Les cours se cotent en obligations. — Service financier à la Banque Privée Lyon-Marseille.

Premier cours inscrit : 464.
Plus haut cours : 477. — Plus bas : 463.
Dernier cours : 468, le 31 décembre.

Russie 4 1/2 0/0 1909.

22 janvier, cotation au Parquet, au comptant et à terme, des obligations de l'Emprunt Russe 4 1/2 % 1909. — Il a été émis, sur le marché français, un montant nominal de 1.220.000.000 de francs de ces obligations, formant partie d'un emprunt total de 1.400.000.000 de francs capital nominal. — Cet emprunt a été destiné jusqu'à due concurrence au remboursement des Bons du Trésor Russe 5 % 1904. — Le prix d'émission a été fixé à 89,25 % ou 446 fr. 25 par obligation de 500 francs. — Intérêt annuel : 4 1/2 %, soit 22 fr. 50 par obligation de 500 francs, payables semestriellement les 15 janvier et 15 juillet. — Remboursement au pair en 40 ans au plus, de 1920 à 1959, par tirages au sort annuels. L'emprunt ne peut être ni converti, ni

remboursé avant 1919. — Les cours se cotent en tant pour cent. — Négociations à terme par 2.250 fr. de rente et les multiples. — Service financier à Paris : Banque de Paris et des Pays-Bas, Crédit Lyonnais, Hottinguer et Cie, Comptoir National d'Escompte, Société Générale, Crédit Industriel et Commercial.

Premiers cours inscrits : 90,85-90,95-91.
Plus haut cours : 100,70. — Plus bas : 89,25.
Dernier cours : 100,70, le 31 décembre.

Santa-Fé (Emprunt 6 0/0 or 1908 de la Prov. de).

28 avril, cotation au Parquet au comptant, de 30.000 obligations de 100 pesos or, ou 503 francs 6 %. — Ces obligations font partie de l'emprunt destiné aux travaux de construction du port de Santa-Fé. — Emises à 485 francs, libérées et au porteur. — Intérêt annuel : 30 fr. 18 nets d'impôts, payables par moitié, les 15 février et 15 août. — Amortissables en 37 ans, de 1912 à 1948, soit au pair par tirages au sort, soit par rachats en Bourse, avec faculté de remboursement anticipé à toute époque. — Service financier à Paris, au Crédit Mobilier Français, rue Saint-Georges, 3 et 5, et chez MM. Bénard et Jarislowsky, rue Scribe, 19.

Premiers cours inscrits : 504-506.
Plus haut cours : 530. — Plus bas : 496,50.
Dernier cours : 530, le 30 décembre.

Sao-Paulo (Etat de, Bons du Trésor 5 0/0, 1908).

1er février, cotation au Parquet au comptant et à terme, de 250.000 Bons du Trésor de £ 20 ou 502 fr. 40, 5 %. — Ces Bons représentent la partie réservée au marché français de l'Emprunt 5 % 1908 de l'Etat de Sao Paulo (Brésil). — Emis à 472 fr. 65, libérés et au porteur. — Intérêt annuel : 25 fr. 12, payables par moitié, les 1er janvier et 1er juillet. — Amortissables le ou avant le 1er janvier 1919, soit au pair par tirages au sort, soit par achats en Bourse. — Garantie sans condition des Etats-Unis du Brésil. — Service financier à Paris à la Société Générale et à la Banque de Paris et des Pays-Bas.

Premiers cours inscrits : 491-492-493.
Plus haut cours : 519. — Plus bas : 491.
Dernier cours : 518,50, le 31 décembre.

Saragosse, 1908 (Ville de).

12 mars, cotation en Banque au comptant, des obligations de 500 pesetas, 5 % or. — Ces obligations au nombre de 7.000 (3.500.000 pesetas) ont été créées pour le montant en être affecté aux travaux d'amplification du service des eaux et de celui des égouts de la ville de Saragosse (Espagne). — Intérêt annuel : 25 pesetas, sous déduction de l'impôt « utilidades », payables par trimestre les 1er janvier, avril, juillet, octobre. — Amortissement au pair en 50 ans, sous réserve de remboursement anticipé. — Garanties spéciales hypothécaires : l'au-

nuité encaissée pour taxes sur l'eau, d'un produit actuel de 90.000 pesetas et l'augmentation de perception qui sera obtenue par le service de l'eau et les impôts sur le tout à l'égout. — Service financier à la Banque Privée Lyon Marseille.

Premier cours inscrit : 440.
Plus haut cours : 450. — Plus bas : 433.
Dernier cours : 436, le 31 décembre.

Stockholm (Ville de), Emprunt 3 1/2 0/0 dif. 1909.

7 juillet, cotation en Banque au comptant, des obligations de 500 francs 3 1/2 %. — Ces obligations sont au nombre de 61.111, représentant un emprunt de 30.555.500 francs. — Emises à 493 francs. — Intérêt annuel : 4 % nets d'impôts pendant les huit premières années (1er coupon le 15 décembre 1909) ; puis 3 1/2 % nets d'impôts, payables par moitié, les 15 juin et 15 décembre. — Amortissement en 40 ans, à partir du 15 juin 1909, par tirages au sort annuels sous réserve de rachat au-dessous du pair. L'emprunt est inconvertible jusqu'au 15 juin 1919. — Service financier à Paris au Crédit Lyonnais.

Premier cours inscrit : 493.
Plus haut cours : 501. — Plus bas 489,50.
Dernier cours : 489,50, le 31 décembre.

Tucuman (Province de), 1909.

25 octobre, cotation au Parquet au comptant et à terme, de 50.000 obligations de 500 francs 5 %, 1909. — Emises à 480 francs, libérées et au porteur. — Intérêt annuel : 25 francs, payables par trimestre, les 1er février, 1er mai, 1er août et 1er novembre. Ces obligations sont exemptes de tous impôts présents et futurs de la Province ou de l'Etat dans la République Argentine. — Amortissables en 37 ans au plus, de 1910 à 1946, soit au pair par tirages au sort annuels, soit par rachats en Bourse, sous réserve de remboursement anticipé à partir de 1914. — Service financier à Paris au Banco Espanol del Rio de la Plata, 32, avenue de l'Opéra, chez MM. Bénard et Jarislowsky, 19, rue Scribe et chez MM. Louis Dreyfus et Cie, 4, rue de la Banque.

Premier cours inscrit : 495.
Plus haut cours : 495. — Plus bas : 484,50.
Dernier cours : 494, le 31 décembre.

Uruguay 6 0/0 Intérieur or.

16 février, cotation en Banque au comptant, de 1.700 obligations de 500 dollars et de 1.500 obligations de 100 dollars, 6 %. — L'emprunt de 5.360.000 francs est destiné au remboursement des dettes contractées par l'Université de Montevideo pour ses édifices et à leur achèvement. — Intérêt annuel : 6 %, 32 fr. 16 par titre de 100 dollars, payables en six fois, les 1er janvier, 1er mars, 1er mai, 1er juillet, 1er septembre et 1er novembre. — Amortissement par soumission tant que l'emprunt est au-dessous du pair, ou par tirages lorsque le pair est atteint ou dépassé. — Garantie de l'impôt sur le transfert des immeubles et des revenus directs de l'Université de Montevideo. — Service financier à Paris, à la Banque Suisse et Française, 20, rue Lafayette.

Le dernier cours relevé est : 104.

Uruguay 5 0/0 1909.

11 novembre, cotation au Parquet au comptant et à terme, de 63.343 obligations de 500 francs 5 %. — Emises à 485 francs, libérées et au porteur. — Intérêt annuel : 25 francs, nets d'impôts, payables par trimestre, les 1er janvier, 1er avril, 1er juillet et 1er octobre. — Amortissement en 36 ans au plus, de 1909 à 1945, soit par tirages au sort trimestriels, soit par rachats sur le marché. — Les cours se cotent en tant pour cent. — Négociation à terme par 2.500 fr. de rente et les multiples. — Service financier à Paris à la Banque de Paris et des Pays-Bas, au Comptoir National d'Escompte, à la Société Générale.

Premier cours inscrit : 97,50.
Plus haut cours : 99,95. — Plus bas : 97,50.
Dernier cours : 99,95, le 31 décembre.

Venezuela 3 0/0 1905 (Dette diplomatique).

16 février, cotation en Banque à terme, de l'Emprunt 3 % 1905. — Le capital est de 132.049.925 bolivares or, ou £ 5.229.700, en coupures de £ 20, 100 et 500. — Les intérêts sont payables les 1er janvier et 1er juillet, au cours du change. — Négociations par £ 2.000 de capital et multiples, au change fixe de 25 fr. 20 la livre sterling.

Premiers cours inscrits : 55-56.
Plus haut cours : 56,75. — Plus bas : 52.
Dernier cours : 56,50, le 31 décembre.

Valeurs Industrielles

ACTIONS & OBLIGATIONS

Valeurs Industrielles

FRANÇAISES & ETRANGÈRES = ACTIONS & OBLIGATIONS

PARQUET & COULISSE

Accumulateurs Electriques Phœnix (Cie F^se des).

15 juin, cotation des actions, en Banque au comptant. — Publications B. A., 27 avril 1908. — Anonyme française constituée le 17 septembre 1907, pour 20 ans. — Exploitation en France, colonies et protectorats français, d'un accumulateur électrique nouveau. — Siège social : 173 *bis*, quai de Valmy, Paris. — Année sociale : 1er janvier, 31 décembre. — Assemblée : première quinzaine de mai. — Capital social : 300.000 francs, en 3.000 actions de 100 francs, dont 1.500 d'apport à MM. Genard, en outre d'une somme espèces de 40.000 francs. — Répartition : 5 % réserve légale, 5 % aux actions. Sur le surplus, 15 % au Conseil et le solde aux actions, sauf prélèvements prévoyance ou réserve. — Administrateurs : MM. L.-A. Genard, F.-A. Genard, A. Puppati. — Service financier au siège social.

Coupon 1 attaché.
Premiers cours inscrits : 135-136.
Plus haut cours : 146. — Plus bas : 135.
Pas de cours depuis le 2 septembre.

Aéro-Locomotion (Société Générale d').

5 mai, cotation des parts de fondateurs, en Banque au comptant. — (Les actions figurent à la cote depuis le 29 décembre 1908). — Publications B. A., 21 décembre 1908. — Anonyme française constituée le 8 décembre 1908, pour 50 ans. — Toutes entreprises de navigation aérienne. — Siège social : 25, rue Le Peletier, Paris. — Année sociale : 1er juillet, 30 juin. — Assemblée : avant fin décembre. — Capital social : 400.000 francs (pouvant être porté à un million de francs) en 1.600 actions de 250 francs. Les parts sont au nombre de 8.000, attribuées à M. H. Guilmin, pour son apport. — Répartition : 5 % réserve légale, 5 % du montant libéré des actions. Sur le suplus, 10 % au Conseil et somme à fixer pour réserves. Sur le solde, 50 % aux actions, 50 % aux parts. — Administrateurs : MM. C. Franck, A. Charmeil, H. Guilmin. — Service financier au siège social.

Coupon 1 attaché.
Premiers cours : 104-106.
Plus haut cours : 119. — Plus bas : 55.
Dernier cours : 63, le 30 août.

Afrique et Congo.

29 juin, cotation des actions et des parts de fondateurs, en Banque au comptant. — Publications B. A., 21 juin 1909. — Anonyme française constituée le 18 avril 1907, pour 50 ans. — Toutes entreprises commerciales, agricoles et industrielles en Afrique. — Siège social : 64, rue de la Victoire, Paris. — Année sociale : 1er janvier, 31 décembre. — Assemblée : avant fin juin. — Capital social : 1.000.000 de francs en 10.000 actions de 100 francs. Les parts sont au nombre de 10.000 dont 5.000 attribuées aux premiers actionnaires à raison de 1 part pour 2 actions souscrites et 5.000 attribuées à M. W. Guynet, pour son apport. — Répartition : 5 % réserve légale, 5 % du montant libéré des actions, 10 % au Conseil, 10 % au moins pour un fonds d'amortissement. Sur le surplus, 50 % aux actions et 50 % aux parts. — Administrateurs : MM. G. Beulque, D. E. A. Clairouin, H. A. Fondère, H. Grard, W. Guynet, F. Lutscher, R. Noguez, J. F. Schulz. — Service financier au siège social.

Par décision de l'assemblée générale extraordinaire du 17 novembre 1909, le capital a été porté à 2 millions de francs en actions de 100 francs.

	Actions	Parts
Premiers cours............	107-100	33,50-34,50
Plus hauts cours..........	119,50	59,50
Plus bas..................	100 »	33,50

Dernier cours le 31 décembre pour les actions : 106. — *Pour les parts :* 59,50.
Dernier dividende inscrit pour les actions : 3,25.
Coupon 1 attaché pour les parts.

Afrique Equatoriale Française (Cie C^le de l').

14 octobre, cotation des actions, en Banque au comptant. — Publications B. A., 26 juillet et 2 août 1909. — Anonyme française constituée le 10 août 1909, pour 50 ans. — La Société a pris la suite des Etablissements F. Brandon, à Libreville (Congo français). Importation, exportation, plantations et concessions minières. — Siège social : 51, rue de Provence, Paris. — Année sociale : 1er janvier, 31 décembre. — Assemblée : avant fin juin. — Capital social : 1.150.000 francs, en 11.500 actions de 100 francs, dont 3.250 d'apport à M. Brandon, en

outre d'une somme espèces de 325.000 francs. Il existe 12.500 parts bénéficiaires, dont 10.200 attribuées également à M. Brandon, pour son apport. Les 2.300 autres parts attribuées aux actions d'apport et aux actions souscrites, à raison de 1 part pour 5 actions. — Répartition : 5 % au Conseil, 6 % aux actions. Sur le surplus, 10 % au Conseil, 10 % pour le personnel, une somme à déterminer pour réserves. Sur le solde, 60 % aux actions (sauf prélèvements pour rachats), 40 % aux parts. — Administrateurs : MM. Douglas Read, F. Brandon, H. F. de Lamothe, L. Grand, A. Bonnaud, E. Caplane. — Service financier : Banque Intermédiaire de Paris, 13, rue Lafayette, Paris.

Coupon 1 attaché.
Premiers cours : 105-107.
Plus haut cours : 116,50. — Plus bas : 105.
Dernier cours : 114,50, le 31 décembre.

Aigle (Vie).

23 octobre, cotation au Parquet, au comptant, des 6.000 actions nouvelles de 500 francs, libérées de 125 francs et nominatives, établies suivant décision de l'Assemblée générale extraordinaire du 30 avril 1908 réduisant le capital de 12 à 3 millions de francs, par l'échange des 6.000 actions anciennes de 2.000 francs libérées du quart.

Ain-Arko (Société des Mines de Zinc d').

26 février, cotation des parts de fondateurs, en Banque au comptant. — (Les actions figurent à la cote depuis le 2 octobre 1908.) — Publications B. A., 21 septembre 1908. — Anonyme française constituée le 28 février 1907, pour 50 ans. — Propriété et exploitation des mines de zinc et autres métaux d'Aïn-Arko (Algérie). — Siège social : 20, boulevard Montmartre, Paris. — Année sociale : 1er janvier, 31 décembre. — Assemblée : avant fin juin. — Capital social : 2 millions de francs, en 20.000 actions de 100 francs sur lesquelles 75 francs ont été remboursés en deux ans. Les parts sont au nombre de 20.000, attribuées en outre d'une somme espèces de 100.000 francs à M. de Redon de Colombier, pour son apport. — Répartition : 5 % réserve légale, 5 % du montant non amorti des actions, 5 % au personnel. Sur le surplus, sauf prélèvements d'amortissement, 60 % aux actions et 40 % aux parts. — Administrateurs : MM. de Redon de Colombier, J. Chailley, A. Vincent, G. Maljean, M. Heep, A. Heep, P. Rançon. — Service financier au siège social.

Coupon 1 attaché.
Premiers cours inscrits : 300-305.
Plus haut cours : 382. — Plus bas : 300.
Dernier cours : 382, le 31 décembre.

Air Comprimé (Compagnie Parisienne de l').

26 novembre, cotation des actions au Parquet, au comptant et à terme. — Publications B. A., 8 no-

vembre 1909. — Anonyme française constituée le 24 mars 1887, pour 45 ans. — Air comprimé et électricité à Paris, d'après les brevets Victor Popp. — Siège social : 54, rue Etienne-Marcel, Paris. — Année sociale : 1er juillet, 30 juin. — Assemblée : avant fin décembre. — Capital social : à l'origine, 3.200.000 francs en 6.400 actions de 500 francs dont 4.100 d'apport à M. Popp, en outre de 6.400 parts bénéficiaires ; porté en 1890 à 10 millions de francs ; réduit en 1894 à 2.666.500 francs et porté aussitôt à 20 millions de francs, en actions de 500 francs, dont 21.165 d'apport à la Société Industrielle Druckluft und Electricitats Geselschaft et 9.502 d'apport à la Société Sal, Oppenheim jeune et Cie; réduit en 1898 à 8 millions de francs et aussitôt porté à 25 millions de francs en 50.000 actions de 500 francs dont 24.636 et 9.634 d'apport aux deux Sociétés plus haut citées. — Répartition : 5 % réserve légale, 6 % aux actions, 10 % pour fonds d'amortissement, 10 % au Conseil. Sur le solde, 65 % aux actions et 35 % aux parts. — Administrateurs : MM. le comte de Plancy, G. Chanove, L. Drouin, E. Frachon, A. Le Begue, baron H. de Pfeffel, F. Préaumont. — Service financier pour les titres, à la Banque de Paris, pour les coupons à la Banque de Paris et à la Société Générale.

Dernier dividende : 34,89.
Premiers cours inscrits : 767-775.
Plus haut cours : 775. — Plus bas : 762.
Dernier cours : 770, le 31 décembre.

Algérie-Tunisie (Omnium, Mines d').

13 décembre, cotation en Banque au comptant, de 5.000 parts de fondateurs. (Les actions et les obligations sont cotées au Parquet au comptant depuis le 19 décembre 1900). — Ces parts ont été attribuées à M. Ch. Raynaud, fondateur.

Société anonyme française constituée le 19 juin 1899, pour 50 ans. — Participation dans les affaires minières en Algérie et en Tunisie. — Siège social : 86, rue Saint-Lazare, Paris. — Année sociale : du 1er juillet au 30 juin. — Assemblée : en décembre. — Le capital actions est de 7.500.000 francs en 15.000 actions de 500 francs. Il a été émis 15.000 obligations de 500 francs 4 1/2 %. — Le dividende des actions pour les trois derniers exercices a été de 20 francs. — Administrateurs : MM. Saint-Germain, Th. Ansbacher, Genébrias de Fredaigue, Juge, Lartigue, Maillard, Monod, de Montureux, Tancrède. — Service financier à la Société Générale et à la Compagnie Algérienne, rue Louis-le-Grand, 22.

Alimentation (Soc. Auxiliaire de l'), dite Sadia.

22 janvier, cotation des actions, en Banque au comptant. — Publications B. A., 16 novembre 1908. — Anonyme française constituée le 21 décembre 1908, pour 50 ans. — Commerce de l'alimentation pour prendre la suite de la Société Auxiliaire de l'Alimentation. Magasins : rue Taitbout, rue de Sèvres, etc. — Siège social : 47, rue Taitbout, Paris. — Année sociale : 1er février, 31 janvier. — Assemblée : avant fin juin. — Capital social : 3.800.000 francs en 38.000 actions de 100 francs, dont 10.000 d'apport attribuées à la Société Auxiliaire de l'Ali-

mentation et à la Société d'Etudes Immobilières et Commerciales. — Répartition : 5 % réserve légale et prélèvement pour amortissements, 5 % du montant libéré des actions ; prélèvement pour réserve spéciale, s'il y a lieu. Sur le solde, 15 % au Conseil, 85 % aux actionnaires. — Administrateurs : MM. P. Barbier, J. Béchu, L. Brégé, P. Carraud, A. Favre-Robinet, A. Jacques, L. Jossand, H. Lepère, T. Peltier, E. Perdu, A. Petit, E. Robert, P. P. Saillard. — Service financier : MM. Henrotte et Muller, 20, rue Chauchat, Paris.

Coupon 1 attaché.
Premier cours inscrit : 110.
Plus haut cours : 130. — Plus bas : 110.
Dernier cours : 128, le 31 décembre.

Alimentation Sucrée (Société Française d').

16 mars, cotation des actions, en Banque au comptant. — Publications B. A., 15 mars 1909. — La Société est la suite de la Société des Usines réunies d'Origny-Sainte-Benoîte (Aisne), constituée le 18 octobre 1907. — Siège social : 3, rue Deguingand, Levallois-Perret. — Année sociale : 1er avril, 31 mars. — Capital social : à l'origine, 250.000 francs, en 2.500 actions de 100 francs dont 965 d'apport à M. Denis ; porté en 1908 à 650.000 francs en actions de 100 francs et susceptible d'être porté à 1 million. — Il existe 3.000 parts bénéficiaires, dont 1.000 d'apport. — Répartition : 5 % réserve légale, 5 % aux actions, 5 % à la disposition du Conseil, 5 % facultatif pour fonds de prévoyance ; sur le solde, 75 % aux actions et 25 % aux parts. — Service financier au siège social.

Coupon 1 attaché.
Premiers cours inscrits : 150-155.
Pas de cours inscrit depuis longtemps.

Anglo-Saxon Mines Limited (The).

1er décembre, cotation des actions en Banque au comptant. — Publications B. A., 11 octobre 1909. — Société anglaise à responsabilité limitée, incorporée le 10 mars 1908. — Mines d'étain en Saxe. — Siège social : 5, Fenchurch Street, Londres. — Capital social : £ 100.000 en 100.000 actions de £ 1. Il a été émis £ 80.000 d'obligations ayant droit à un intérêt de 6 % l'an et amortissables en 10 ans. En 1910 ces obligations pourront être échangées contre des actions au pair. — Administrateurs : MM. W. Bell Mac Taggart, Lionel Sartoris, J. D. Rees, G. Peter Heine. — Service financier à la Banque de l'Union Nouvelle, 3, rue Scribe, Paris.

Coupon 1 attaché.
Les cours ont varié entre 40 et 42.

Angra (Société sucrière d').

17 avril, cotation des actions privilégiées, en Banque au comptant. — Publications B. A., 22 février 1909. — Anonyme française constituée le 31 mars 1909, pour 50 ans. — Exploitation d'une sucrerie, distillerie, plantations de cannes, etc., situées à Angra dos Reis (Brésil), apportées par la Société Sucrière de Bracuhy. — Siège social : 47, rue du Rocher, Paris. — Année sociale : 1er octobre, 30 septembre. — Assemblée : avant fin mars. — Capital social : 1.700.000 francs en 8.000 actions privilégiées de 100 francs et 9.000 actions ordinaires de 100 francs, ces dernières remises à la Société de Bracuhy pour ses apports, en outre de 3.200 obligations de 500 francs 5 % or hypothécaires. — Répartition : 5 % réserve légale et 5 % aux actions privilégiées. Sur le surplus, 20 % pour réserves et amortissements, 12 % au Conseil et 5 % aux actions ordinaires ; le solde est réparti, sauf prélèvements, entre toutes les actions. — Administrateurs : MM. A. Berthon, J. Damoy, H. Durocher, R. Ouachée, A. Rousseau, C. de Tavernier, M. Wohlgemuth, H. Waligorski. — Service financier au siège social.

Le 15 novembre, cotation en Banque au comptant, des 3.200 obligations de 500 francs 5 %. — Intérêt annuel : 25 francs nets de tous impôts français et brésiliens, payables par moitié, les 15 février et 15 août. — Amortissement en 30 ans à partir de 1915, à raison de 100 obligations par an pour les 28 premières années et 200 ensuite.

	Actions	Obligations
Premiers cours	120-120,25	460
Plus haut	143,50	460
Plus bas	120	460

Coupon 1 attaché pour les actions. Le dernier cours de celles-ci a été de 136,50, le 15 novembre.

Anios, Limited.

30 janvier, cotation des actions, en Banque au comptant. — Publications B. A., 13 avril et 28 décembre 1908. — Société anglaise enregistrée le 24 mars 1908, pour une durée illimitée. — Exploitation de produits pharmaceutiques et particulièrement de ceux de la Société « L'Hygiène Générale et Industrielle », à Lille. — Siège social : 7, Union Court, Old Broad Street, Londres E. C. ; siège central, 7, rue Grande Allée, à Lille. — Capital : £ 100.000 en 100.000 actions de £ 1, dont 36.000 à la Société l'Hygiène Générale et Industrielle pour son apport, 6.000 aux fondateurs et promoteurs et 18.000 pour frais de constitution, commission, timbres, etc. Au 31 décembre 1908, il avait été souscrit 1.250 actions. — Administrateurs : MM. J. Emmanuel Pountney, H. Lefoulon, Collet-Delval, J. Delval. — Service financier en France au siège social.

Coupon 1 attaché.
Premiers cours inscrits : 25-26.
Plus haut cours : 41. — Plus bas : 25.
Dernier cours : 30, le 30 avril.

Annuaire Didot Bottin.

1er juillet, cotation au Parquet au comptant, des 60.000 actions nouvelles de 125 francs, remplaçant les 30.000 actions anciennes de 250 francs, et des 18.000 parts de fondateur échangées contre les anciennes à raison de 1 pour 3.

Apostolake (Société Anonyme Roumaine pour l'Industrie du Pétrole).

22 novembre, cotation des actions, en Banque au comptant. — Publications B. A., 8 février 1909. — Anonyme roumaine créée le 11 novembre 1908, pour une durée illimitée. — Pétroles en Roumanie dans le district de Prahova. — Siège social : Strada Spaturu, 4, à Bucarest, Roumanie. — Année sociale : 1er avril, 31 mars (nouveau style). — Assemblée : avant fin septembre. — Capital social : 2.500.000 lei, en 10.000 actions de 250 lei, dont 9.000 d'apport à la Société Eberhard, Marchna et Cio. — Répartition : 5 % au moins réserve légale ; sur le surplus, 10 % au Conseil et 90 % aux actions, sauf prélèvements pour réserves spéciales ou fonds de prévoyance. — Administrateurs : MM. Ghika, C. Arion, Catargi, de Costinescu, Toroceanu, Eberhard, de Marchena, Dumarest. — Service financier à Paris chez M. Maurice Pelletier, banquier, 11, boulevard de la Madeleine.

Coupon 1 attaché.
Premiers cours inscrits : 255-258.
Plus haut cours : 262. — Plus bas : 259.
Dernier cours : 262, le 31 décembre.

Appareils Automatiques Bussoz (Soc. Amo des).

16 juin, cotation des actions, en Banque au comptant. — Publications B. A., 10 février 1908. — Anonyme française constituée le 17 janvier 1908, pour 50 ans. — Exploitation de l'établissement industriel et commercial des appareils système Bussoz. — Siège social : 1, cité Condorcet, Paris. — Année sociale : 1er janvier, 31 décembre. — Assemblée : en mars. — Capital social : 1.000.000 de francs en 10.000 actions de 100 francs, dont 5.000 attribuées pour son apport à M. Bussoz, en outre d'une somme espèces de 350.000 francs. — Répartition : 5 % réserve légale, 5 % aux actions ; sur le surplus, 5 % à l'administrateur-délégué, 5 % au Conseil et 90 %, sauf prélèvements pour réserves, aux actionnaires. — Administrateurs : MM. F. Bonnardot, M. Bussoz, P. Bussoz. — Service financier au Crédit Lyonnais.

Dernier dividende : 20 francs.
Premiers cours inscrits : 320-325.
Plus haut cours : 340. — Plus bas : 207,50.
Dernier cours : 207,50, le 30 novembre.

Aragona (Mines d').

1er octobre, cotation des actions, en Banque au comptant. — Publications B. A., 13 septembre 1909. — Anonyme française constituée le 2 août 1909, pour 50 ans. — Exploitation de quatre mines de soufre situées dans la province de Girgenti (Sicile). — Siège social : 12, place Vendôme, Paris. — Année sociale : 1er janvier, 31 décembre. — Assemblée : avant fin juin. — Capital social : 850.000 fr. en 8.500 actions de 100 francs, dont 3.500 attribuées à M. Molinari, en outre de 1.500 parts bénéficiaires et d'une somme espèces de 50.000 francs pour son exploitation du droit d'exploitation des quatre mines susdites pendant 20 ans. Il a été attribué 3.500

parts bénéficiaires à M. Della Casa, organisateur de la Société. — Répartition : 5 % réserve légale, 5 % aux actions, 10 % au Conseil ; sur le surplus, sauf prélèvement maximum de 15 % pour réserves ou amortissements, 75 % aux actions et 25 % aux parts. — Administrateurs : MM. A. Dubois, G. de Lapeyrouse, L. de Pons, F. Molinari, U. Della Casa, M. Laffont. — Service financier au Comptoir Privé, 11, rue Lafayette, Paris.

Coupon 1 attaché.
Premiers cours inscrits : 100-102.
Plus haut cours : 120. — Plus bas : 100.
Dernier cours : 119, le 31 décembre.

Ashanti and Gold Coast United, Limited.

28 mai, cotation des actions, en Banque au comptant. — Publications B. A., 19 avril et 17 mai 1909. — Société anglaise enregistrée le 6 mars 1909, pour une durée illimitée. — Mines, concessions, plantations, forêts, etc., dans l'Ashanti and Gold Coast. La Société est la reconstitution d'une première Société du même nom qui avait été constituée le 24 décembre 1900. — Siège social : 3, Lombard Street, E. C. Londres. — Assemblée : chaque année à Londres. — Capital social : £ 100.000 en 200.000 actions de 10 shillings, dont 180.000 émises et entièrement payées et 20.000 en réserve pour émission ultérieure. Il a été attribué à l'ancienne Compagnie, pour l'apport de son actif, 45.166 actions de 10 shillings, libérées de 7 sh. 6. — Administrateurs : MM. N. R. Pringle et W. Hooker. — Service financier au Syndicat Industriel Minier, 24, boulevard des Capucines, Paris.

Coupon 1 attaché.
Premiers cours inscrits : 22-24.
Plus haut cours : 49,75. — Plus bas : 19,50.
Dernier cours : 48,50, le 31 décembre.

Association Minière.

Depuis le 24 juin, les actions ne sont plus négociables qu'au nombre de 54.000, en titres numérotés de 1 à 100.000 et munis de deux estampilles de réduction du capital dont la dernière est ainsi conçue : « Capital social réduit à 13.500.000 francs par rachat et annulation de 6.000 actions. Assemblées générales extraordinaires des 28 mars 1908 et 20 avril 1909. » — Service financier à la Banque de l'Union Parisienne, rue Chauchat, 7.

Austin Manhattan Consolidated Mining.

29 décembre, cotation des actions en Banque au comptant. — Publications B. A., 4 décembre 1908. — Anonyme américaine constituée sous le régime des lois de l'Etat de Nevada en février 1908, pour une durée illimitée. — Mines d'argent dans le district minier de la Reese River (comté de Lander). — Siège social : à Chicago (Illinois). — Capital social : 10 millions de dollars en 10 millions d'actions de

1 dollar. 25.000 actions sont abonnées au Timbre français. — Administrateurs : MM. C. E. Miesse, B. F. Moffatt, J. C. Head, R. O. Evans, Frank Little, H. C. Fownes, Hans Bauder.

Automobiles Peugeot (Société Anonyme des).

15 avril, cotation des actions, en Banque au comptant. — Publications B. A., 29 mars 1909. — Anonyme française constituée le 13 mai 1896, jusqu'au 31 décembre 1970. — Industrie automobile. — Siège social : 83, boulevard Gouvion-Saint-Cyr, Paris. — Année sociale : 1er janvier, 31 décembre. — Assemblée : avant fin mars. — Capital social : à l'origine, 800.000 francs en 800 actions de 1.000 fr., dont 350 d'apport ; porté en 1898 à 2.400.000 francs en actions de 1.000 francs ; en 1900 à 5 millions de francs en actions de 1.000 francs ; en 1906 à 6.250.000 francs en actions de 1.000 francs ; en 1908, la valeur nominale de 1.000 francs ayant été ramenée à 500 francs, le capital actuel est de 6.250.000 francs en 12.500 actions de 500 francs. Il existe en outre 1.000 parts bénéficiaires sans valeur nominale, à annuler en 1925. — Répartition : 5 % réserve légale, 5 % aux actions ; sur le surplus, 10 % au Conseil, 15 % à la disposition du Conseil pour la direction ou le personnel ; sur le solde, jusqu'en 1925, 75 % aux actions et 25 % à M. A. Peugeot, après 1925, tout le solde aux actions. — Administrateurs : MM. A. Peugeot, R. Fallot, Léon Sahler, Ch. Baume, A. Kreiss, A. Fallot. — Service financier au siège social.

Dernier dividende : 25 francs.
Premier cours : 450.
Dernier cours : 505.

Azote et Forces Hydro-Electriques (Société Norvégienne de l').

20 décembre, cotation en Banque au comptant et à terme, des actions ordinaires nouvelles. — Publications B. A., 6 décembre 1909. — Société anonyme norvégienne, constituée le 2 décembre 1905, pour une durée illimitée. — Acide nitrique et ses dérivés. — Siège social à Notodden (Norvège) ; comité de Paris, 41, avenue de l'Opéra. — Année sociale : 1er janvier, 31 décembre. — Assemblée : avant fin mai. — Capital social : kr. 29.639.700 or, soit 41.166.250 francs, en 22.224 actions de préférence de 250 francs, souscrites en espèces et 2.778 actions de préférence de 250 francs aux apports ; 16.668 actions ordinaires de 250 francs attribuées aux apports ; 14.995 actions ordinaires de 250 francs et 108.000 actions ordinaires nouvelles (celles qui ont été introduites sur le Marché français). Les apporteurs ont en outre reçu une somme espèces de 315.000 kr. — Répartition : 5 % réserve légale ; sur le surplus, 10 % au Conseil et 90 % aux actionnaires (avec préférence de 8 % pour les actions de préférence). Jusqu'au 30 juin 1911, les actions ordinaires ont droit à un intérêt intercalaire de 5 %. — Administrateurs : section scandinave, MM. M. Wallenberg, K. A. Wallenberg, S. Eyde, U. J. R. Borre, G. Schmit, K. Tilberg ; comité de Paris, MM. G. de Germiny, J. E. Morel, M. Girod de l'Ain. — Service

financier à Paris, à la Banque de Paris et des Pays-Bas.

Coupon 1 attaché.
Premiers cours inscrits : 380-383,50.
Plus haut cours : 383,50. — Plus bas : 380.
Dernier cours : 380, le 31 décembre.

Banque de Crédit Hypothécaire et Agricole de l'Etat de Sao Paulo.

24 septembre, cotation, au Parquet, au comptant et 29 octobre, cotation, au Parquet, à terme, de 80.000 obligations de 500 francs 5 %. — Publications B. A., 14 juin, 19 juillet 1907 et 9 août 1909. — Emises en juillet 1909 par la banque J. Loste et Cie, à 476 fr. 50. — Intérêt annuel : 25 francs, nets d'impôts actuels en France et d'impôts actuels et futurs dans l'Etat de Sao Paulo, payables par moitié, les 1er janvier et 1er juillet. — Remboursables en 30 ans, soit par rachats sur le marché, soit par tirages au sort. — Garantie directe d'intérêt de l'Etat de Sao Paulo, à concurrence de 6 % l'an.

Société brésilienne créée le 14 juin 1909. — Opérations de crédit hypothécaire et agricole dans l'Etat de Sao Paulo. — Siège social : à Sao Paulo, Brésil. — Assemblée : à Sao Paulo, le 30 avril. — Le capital actions est de 10 millions de francs en 20.000 actions de 500 francs. — Service financier à Paris, chez MM. J. Loste et Cie, rue de Châteaudun.

Premiers cours inscrits : 477-478.
Plus haut cours : 498. — Plus bas : 477.
Dernier cours : 498, le 31 décembre.

Banque Franco-Tunisienne de Prêts Mobiliers et Monts de Piété en Tunisie.

3 août, cotation des actions, en Banque au comptant. — Publications B. A., 2 et 9 août 1909. — Anonyme tunisienne constituée le 30 décembre 1905 pour durer jusqu'au 13 août 1929. — A pris la suite de la Société des Monts de Piété en Tunisie pour exploiter tous établissements de prêts en Tunisie, sauf à Kairouan. — Siège social : 58, rue de Naples, à Tunis. — Année sociale : 1er janvier, 31 décembre. — Assemblée : en avril. — Capital social : à l'origine, 400.000 francs en 4.000 actions de 100 francs. Porté en 1908 à 1 million de francs par l'émission de 5.000 actions de 100 francs et la conversion, en 1.000 actions de 100 francs, du cautionnement de garantie d'intérêt déposé par la Société des Monts de Piété en Tunisie. Cette dernière Société a reçu pour son apport les 5.000 parts de fondateurs existantes. — Répartition : 5 % réserve légale, 5 % aux actions ; sur le surplus, 5 % au directeur et aux administrateurs-délégués, 10 % au Conseil, 42,50 % aux actions et 42,50 % aux parts. — Administrateurs : MM. L. Rigal, A. Leprou, G. Rivière, G. Homberger. — Service financier au siège social.

Dernier dividende : 6,25.
Premiers cours inscrits : 118-120.
Plus haut cours : 126. — Plus bas : 95.
Dernier cours : 106, le 31 décembre.

Banque Hypothécaire du Royaume de Norvège.

23 juillet, cotation, au Parquet au comptant de 75.000 obligations de 360 couronnes ou 500 francs 3 1/2 % différé 1909 (4 % jusqu'en 1919). — Emises à 489 francs, libérées et au porteur. — Intérêt annuel : 20 francs jusqu'au 1er juillet 1919 inclus et 17 fr. 50 après cette date, payables les 1er janvier et 1er juillet. — Amortissables en 50 ans, de 1920 à 1969, par rachats en Bourse ou par tirages au sort semestriels, sous réserve de remboursement anticipé à partir de 1920. — Service financier à Paris, au Crédit Lyonnais et à la Banque de Paris et des Pays-Bas.

Premier cours inscrit : 491.
Plus haut cours : 500. — Plus bas : 488.
Dernier cours : 498, le 31 décembre.

Banque Industrielle du Japon.

25 juin, cotation, au Parquet au comptant, de 50.000 obligations de 20 £, 5 %. — Elles font partie d'un emprunt de 2 millions de livres. — Emises par la Société Générale à 487 fr. 60, libérées et au porteur. — Intérêt annuel : 1 £ payable au change les 1er juin et 1er décembre. — Remboursables au pair en totalité le 1er décembre 1933, sous réserve de remboursement total ou partiel, à partir de 1918, par tirages au sort ou par rachats en Bourse. — La Société a pris à sa charge tous impôts présents ou futurs, tant en France qu'au Japon. — Publications B. A., 23 novembre 1908. — Garantie inconditionnelle du gouvernement japonais.

La Banque Industrielle du Japon, fondée en 1900, pour une durée de 50 ans, avec siège social à Tokio, est au capital de 17.500.000 yen en 350.000 actions de 50 yen, dont 250.000 entièrement libérées et 100.000 libérées de 37 1/2 yen. Les dividendes ont été de 6 à 8 %.

Premier cours inscrit : 510.
Plus haut cours : 524. — Plus bas, 504,25.
Dernier cours : 513, le 31 décembre.

Banque Péninsulaire Mexicaine.

10 mars, cotation des actions en Banque à terme et au comptant. — Publications B. A., 14 décembre 1908. — Anonyme mexicaine constituée le 31 mars 1908, pour durer jusqu'au 19 mars 1927, par fusion de la Banque de Yucatan et de la Banque Commerciale de Yucatan. — Siège social : à Merida, Etat de Yucatan, Mexique. — Année sociale : 1er janvier, 31 décembre. — Assemblée : avant fin mars. — Capital social : 16.500.000 piastres, divisé en 165.000 actions de 100 piastres mexicaines. — Répartition : 10 % réserve, 6 % aux actions ; sur le surplus, 8 % au Conseil et aux commissaires, 2 % au comité consultatif de Mexico, somme à fixer pour fonds de prévoyance ; le solde aux actions. — Administrateurs : MM. R. Gutierrez, E. Robbeda, A. Aznar Dondé, D. Ewia, E. Camara, R. Molina, E. Corte, J. Gomez, J. T. Molina. — Service financier à Paris à la Société Marseillaise.

Dernier dividende : 10,22.
Premiers cours inscrits : 234-236.
Dernier cours : 240, le 31 décembre.

Banque Privée Lyon-Marseille.

En conséquence des résolutions votées par l'Assemblée générale extraordinaire des actionnaires de la Banque privée (industrielle, commerciale, coloniale, Lyon-Marseille), en date du 31 mars 1909, la Chambre syndicale a décidé que depuis le 24 septembre, les actions anciennes nos 1 à 40.000 de ladite Société ne sont plus négociables qu'en titres munis de l'estampille constatant notamment la réduction du capital social, par la réduction de 500 francs à 460 francs du nominal de chacune des actions.

Banque de l'Union Nouvelle.

28 septembre, cotation des actions, en Banque au comptant. — Publications B. A., 1er mars 1909. — Anonyme française constituée le 23 mars 1909, pour 50 ans. — Toutes opérations de Banque. — Siège social : 3, rue Scribe, Paris. — Année sociale : 1er janvier, 31 décembre. — Assemblée : avant fin juin. — Capital social : 1.500.000 francs en 15.000 actions de 100 francs, dont 6.000 d'apport à M. Morénas en outre de deux sommes espèces de 90.000 et 50.000 francs. — Répartition : 5 % réserve légale, 6 % du montant libéré des actions. — Sur le surplus, 25 % à M. Morénas autant qu'il sera directeur, 10 % au Conseil. Le solde aux actions, sauf prélèvements pour réserves et amortissements. — Administrateurs : MM. J. de Mayol de Luppé, J. Poitou-Duplessis, L. Morénas. — Service financier au siège social.

Coupon 1 attaché.
Premiers cours : 139-142.
Plus haut cours : 181,50. — Plus bas : 139.
Dernier cours : 177, le 23 décembre.

Baryte de Comines (Société Française).

23 juillet, cotation des actions, en Banque au comptant. — Publications B. A., 18 mai 1908 et 5 juillet 1909. — Anonyme française constituée le 25 juin 1901, pour 30 ans. — Fabrique et vente de barytes et produits chimiques à l'usine de Comines (Nord). — Siège social : 60, rue de la Victoire, Paris. — Année sociale : 1er janvier, 31 décembre. — Assemblée : avant fin juin. — Capital social : à l'origine 825.000 francs en 1.650 actions de 500 francs dont 1.500 d'apport à Mme Lutscher. Depuis 1909, le capital est de 1.100.000 francs en 11.000 actions de 100 francs. — Répartition : 5 % réserve légale, 5 % aux actions, 5 % à la Direction, 5 % au Conseil. Le surplus aux actions sauf prélèvements pour amortissements et réserves. — Administrateurs : MM. C. Cambefort, E. Guët, F. Lutscher, F. Schloesing. — Service financier chez MM. Guët et Cie, banquiers, 80, rue Saint-Lazare, Paris.

Coupon 1 attaché.
Premiers cours : 100-105.
Plus haut cours : 116. — Plus bas : 100.
Dernier cours : 115, le 3 septembre.

Beer (Société G. Limited).

12 octobre, cotation des actions privilégiées, en Banque au comptant. — Publications B. A., 26 juillet 1909. — Société anglaise enregistrée le 26 novembre 1903, pour une durée illimitée. — Commerce de couturier. — Siège social : 32, Poultry, Londres, E. C. — Année sociale : 1er décembre, 30 novembre. — Capital social : £ 480.000 en 240.000 actions de préférence 7 % cumulatives de £ 1 et 240.000 actions ordinaires de £ 1. Le prix d'achat de la maison G. Beer par la Société a été fixé à £ 390.025, sur quoi, outre les sommes espèces, la maison a reçu les 240.000 actions ordinaires et 35.000 actions privilégiées. — Répartition : 7 % cumulatif aux actions privilégiées ; sur le surplus, 7 % aux actions ordinaires ; sur le surplus, 3 % aux actions privilégiées et le solde aux actions ordinaires. — MM. Beer et Badin ont garanti par remise de titres d'une valeur de £ 20.000 un dividende de 7 % aux actions de préférence pendant 5 ans. — Administrateurs : MM. S. Barclay-Howard, Stannard, Haddock, G. Bloch, A. Jehan et P. Bulloz. — Service financier à la Société Générale.

Coupon 1 attaché.
Il a été inscrit seulement le cours de 7 francs.

Bellière (Société des Mines de la).

22 octobre, cotation des actions et des parts, en Banque au comptant. — Publications B. A., 11 octobre 1909. — Anonyme française constituée le 12 avril 1905, pour 60 ans. — Exploitation de minerais aurifères et autres dans les terrains sis à Saint-Pierre-Montlimart et communes voisines (Maine-et-Loire). — Siège social : 12, avenue de Wagram, Paris. — Année sociale : 1er janvier, 31 décembre. — Assemblée : avant fin juin. — Capital social : 4.000.000 de francs en 40.000 actions de 100 francs, dont 20.000 d'apport à M. Blavier, en outre des 40.000 parts bénéficiaires. — Répartition : 5 % réserve légale, 6 % d'intérêt cumulatif aux actions, 10 % pour un fonds de prévoyance jusqu'à concurrence de 2 millions. Sur le solde, 6 % au Conseil, 44 % aux parts et 50 % aux actions. — Administrateurs : MM. le baron Leonino, P. Blavier, G. Bordeaux-Montrieux, E. Dumoulin, J. Strap. — Service financier au siège social.

	Actions	Parts
Premiers cours...............	510-515	405-410
Plus hauts cours............	585	438
Plus bas....................	510	405
Derniers cours.............	585	415

Les derniers cours sont au 31 décembre.
Coupon 1 attaché pour les actions et les parts.

Beni Aïcha (Mines de fer de).

14 décembre, cotation des actions en Banque au comptant. — Publications B. A., 13 décembre 1909. — Anonyme française constituée le 26 octobre 1909, pour 50 ans. — Mines de fer dans les communes de Courbet et Ménerville (Algérie). — Siège social : 12, boulevard Poissonnière, Paris. — Année so-

ciale : 1er janvier, 31 décembre. — Capital social : 350.000 francs, en 3.500 actions de 100 francs, dont 1.400 d'apport, en outre de 100.000 francs espèces et 500 parts de fondateur à M. Mongreville. — Répartition définitive à partir de l'exercice 1911 : 5 % réserve, 6 % aux actions ; sur le surplus, 10 % au Conseil, 50 % aux actions et 40 % aux parts de fondateurs. — Administrateurs : MM. F. Weisse, E. Mongreville, P. Mazure et Thil. — Service financier à la Banque Départementale, 31, rue Bergère, Paris.

Coupon 1 attaché.
Premier cours inscrit : 138.
Plus haut cours : 175. — Plus bas : 138.
Dernier cours : 173, le 27 décembre.

Bética (Société des Mines de la).

16 décembre, cotation des actions en Banque au comptant. — Publications B. A., 22 novembre 1909. — Anonyme française constituée le 21 septembre 1909, pour 50 ans. — Mines de fer et de plomb argentifère en Espagne. — Siège social : 60, rue Saint-Lazare, Paris. — Année sociale : 1er juillet, 30 juin. — Assemblée : avant fin décembre. — Capital social : 500.000 francs, en 2.000 actions de 250 francs. Il a été créé 30.000 parts bénéficiaires dont 25.000 d'apport à M. Peyral et 5.000 attribuées aux actionnaires, à raison de 5 parts pour 2 actions. — Répartition : 5 % réserve légale, 12 % aux actions ; sur le solde, sauf prélèvements pour réserves extraordinaires ou amortissements, 20 % aux actions et 80 % aux parts. Les actions de jouissance auront droit aux mêmes droits dans le partage. — Administrateurs : MM. M. Liontel, R. Romeu, E. Tournier, A. Mercier, E. Deschamps. — Service financier au siège social.

Coupon 1 attaché.
Premiers cours inscrits : 282-286.
Plus haut cours : 358. — Plus bas : 282.
Dernier cours : 358, le 31 décembre.

Boléo (Compagnie du).

6 novembre, cotation de 120.000 actions nouvelles de 100 francs, au Parquet au comptant et à terme, et de 46.000 cinq centièmes de parts, au Parquet au comptant. — C'est par décision de l'Assemblée du 28 avril 1909 qu'il a été décidé la division en cinq centièmes de parts des 9.200 centièmes de parts et la division des actions de 500 francs en actions de 100 francs.

Anonyme française constituée le 27 mai 1885, pour 99 ans. — Mines de cuivre au Mexique. — Siège social : 56, rue de Provence, Paris. — Année sociale : 1er janvier, 31 décembre. — Assemblée : en avril ou mai. — Capital social : 12 millions, depuis l'origine, et 92 parts de fondateurs d'abord partagées en centièmes. — Répartition : 5 % réserve légale, 8 % aux actions ; sur le surplus, 2 % au Conseil ; sur le solde, 77 % aux actions et 23 % aux parts. — Administrateurs : MM. A. Mirabaud, J. Aron, M. Ephrussi, marquis de Montaigu, E. Puerari, Tambour, Ch. de Wendel, W. d'Eichtal. — Pour les trois derniers exercices, les dividendes ont été les suivants : aux

actions, 312,50, 200 et 150 francs ; aux parts, 212,23, 124,67 et 85,71. — Service financier chez MM. Mirabaud et C¹ᵉ, rue de Provence, 56.

	Actions	Parts
Premiers cours	865-875	565-562
Plus hauts cours	875	565
Plus bas	805	490
Derniers cours	849	510

Les derniers cours sont au 31 décembre.

Brakpan Mines, Limited.

28 juillet, cotation des actions en Banque à terme et 4 août cotation en Banque au comptant. — Publications B. A., 31 mai 1909. — Société transvaalienne à responsabilité limitée, constituée le 16 février 1903, pour une durée indéterminée. — Mines d'or. — Siège social : à Johannesburg (Transvaal), avec bureau à Londres, 5, London Wall Buildings, Finsbury Circus. — Capital social : à l'origine £ 660.000 en 660.000 actions de £ 1 ; porté en 1905 à £ 750.000 en 750.000 actions de £ 1. Au moment de la publication, il était émis 688.514 actions de £ 1, dont 328.514 d'apport. — Répartition : les administrateurs n'ont d'autre avantage qu'une somme annuelle de £ 700 et 5 % sur les bénéfices nets annuels. — Service financier à Paris à la Compagnie Française de Mines d'Or et de l'Afrique du Sud, 20, rue Taitbout.

Coupon 1 attaché.
Premiers cours : 85-85,25.
Plus haut cours : 87. — Plus bas : 68.
Dernier cours : 75,50, le 31 décembre.

Brasseries de la Meuse.

15 mars, cotation des actions, en Banque au comptant. — Publications B. A., 29 juin 1908. — Anonyme française constituée le 11 octobre 1890, pour 50 ans. — La Société exploite la brasserie de l'ancienne maison Ehrhardt, frères. — Siège social : 29, rue de la Chapelle, Paris. — Année sociale : 1ᵉʳ octobre, 30 septembre. — Assemblée : dans les trois mois qui suivent l'inventaire. — Capital social : à l'origine, 1.500.000 francs en 3.000 actions de 500 francs, dont 2.790 d'apport ; porté en 1895 à 2.500.000 francs et en 1906 à 4 millions de francs en 8.000 actions de 500 francs. — Répartition : 5 % réserve légale, 5 % aux actions ; sur le solde, 60 % aux actions (sauf prélèvements de 20 % pour réserves) et 40 % pour le Conseil, les directeurs et le personnel. — Administrateurs : MM. A. Herrenschmidt, A. Peugeot, A. Kreiss, H. Chauvet, V. Jung. — Service financier au Comptoir National d'Escompte.

Dernier dividende : 30 francs.
Premiers cours : 510-512.
Derniers cours : 536-539.

Briqueteries et Kaolins d'Auberives.

13 mai, cotation des actions, en Banque au comptant. — Publications B. A., 10 mai 1909. — Anonyme française constituée le 24 mars 1909, pour 40 ans. — Toutes exploitations du kaolin. — Siège social : à Auberives, canton de Roussillon (Isère). — Année sociale : 1ᵉʳ janvier, 31 décembre. — Assemblée : avant fin mars. — Capital social : 200.000 francs en 2.000 actions de 100 francs. Les apports de M. Champin ont été payés 50.000 francs en espèces. — Répartition : 5 % réserve légale (ou réserve spéciale par la suite, jusqu'à concurrence de 40.000 francs), 5 % aux actions. Sur le surplus : 15 % au Conseil, 5 % au directeur, 80 % aux actionnaires. — Administrateurs : MM. Champin, A. Bonnard, Joannès Perrichon. — Service financier chez MM. Moussier, Edwin et C¹ᵉ, 10, cours Romestang, à Vienne (Isère).

Coupon 1 attaché.
Premiers cours : 111-112.
Dernier cours : 132.

Caisse Hypothécaire d'Egypte.

12 février, cotation en Banque au comptant, de 36.000 obligations hypothécaires de 500 francs 4 %. — Publications B. A., 19 octobre 1908. — (Il a été créé antérieurement 70.000 obligations hypothécaires de 500 francs 4 %.) — Intérêt annuel : 20 francs nets, payables par moitié les 15 juin et 15 décembre. — Remboursables en 75 ans.

Anonyme belge, constituée le 30 avril 1903, pour durer jusqu'au 31 décembre 1935. — Siège social : à Anvers, avec siège administratif au Caire. — Année sociale : 1ᵉʳ janvier, 31 décembre. — Assemblée : le 3ᵉ mardi d'avril. — Capital social : à l'origine, 5 millions de francs, porté en 1905 à 10 millions de francs en 20.000 actions de 500 francs, libérées du quart. Il a été créé en outre 6.500 parts bénéficiaires. — Service financier à Paris : Société Centrale des Banques de Province, Banque de l'Union Parisienne, Banque Privée Lyon Marseille, Banque Hollando-Américaine et chez MM. Adam et C¹ᵉ.

Caisse des Redevances.

15 octobre, cotation de 5.000 actions, en Banque au comptant. — Publications B. A., 14 juin et 11 octobre 1909. — Anonyme belge, constituée le 6 mars 1909, pour la durée la plus longue fixée par la loi. — Achat et vente de toutes redevances, annuités ou pourcentages. — Siège social : 168, rue Royale, à Bruxelles. Bureau à Paris, 94, rue de la Victoire. — Année sociale : 1ᵉʳ janvier, 31 décembre. — Assemblée : le dernier samedi de mars. — Capital social : 1 million de francs en 10.000 actions de 100 francs, sur lesquelles 5.350 étaient libérées entièrement le 11 octobre 1909. Il a été attribué 10.000 parts de fondateurs à la Deutsche Nafta Aktiengesellschaft. — Répartition : 5 % réserve légale, 5 % du montant libéré des actions ; sur le surplus, 10 % au Conseil et au collège des commissaires, 10 % à la disposition du Conseil ; sur le solde, sauf prélèvements pour réserves ou amortissements, 60 % au Conseil et 40 % aux parts. — Administrateurs : MM. A. Freund, E. Dieden, V. Meeûs, X. Meeûs, J. Waroux. — Service financier au siège social.

Premier cours inscrit : 140.
Plus haut cours : 165. — Plus bas : 140.
Dernier cours : 162,50, le 31 décembre.

Caoutchouc (Société Financière des).

9 novembre, cotation des actions en Banque, au comptant et à terme. — Publications B. A., 25 octobre 1909. — Anonyme belge constituée le 8 juillet 1909, pour 30 ans. — Plantations et culture du caoutchouc, notamment en Malaisie et dans les Indes néerlandaises ou anglaises. — Siège social : 21, rue Arenberg, Anvers (Belgique). — Année sociale : 1er janvier, 31 décembre. — Assemblée : le deuxième mercredi de juin. — Capital social : à l'origine, 3.100.000 francs et porté, par décision du 21 juillet 1909, à 10 millions de francs en 100.000 actions de 100 francs. — Répartition : 5 % réserve légale, 5 % aux actions. Sur le surplus, 15 % aux administrateurs et commissaires. Le solde aux actions, sauf prélèvement pour réserve extraordinaire. — Administrateurs : MM. E. Bunge, W. Friling, N. Arnold, E. A. Bunge, J. C. Bunge, E. Chénevière, M. de Lagotellerie, A. de Lantsheere, E. Feilding, E. Grisar, A. Grisar, W. F. de Bois-Maclaren, M. S. Parry, C. Poirson, C. J. den Tex Bondt, H. Wright. — Service financier à Paris, à la Banque de l'Union Parisienne.

Coupon 1 attaché.
Premiers cours : 125,50-127,50.
Plus haut cours : 134,50. — Plus bas : 114.
Dernier cours : 125,50, le 31 décembre.

Carrosserie Industrielle (Anciens Etabliss. de la).

13 juillet, cotation des actions, en Banque au comptant. — Publications B. A., 24 mai 1909. — Anonyme française constituée le 11 août 1902, pour 30 ans. — La Société a pris la suite de la Société « La Carrosserie Industrielle », pour charronnage et carrosserie. — Siège social : 10 et 12, rue des Tourneux, Paris. — Année sociale : 1er janvier, 31 décembre. — Assemblée : avant fin avril. — Capital social : à l'origine, 2 millions de francs en 4.000 actions de 500 francs, dont 3.000 d'apport aux liquidateurs de la Société « La Carrosserie Industrielle ». En 1906, a été réduit à 1.200.000 francs, par rachat et annulation de 1.000 actions libérées chacune de 125 francs et de 600 actions de 500 francs entièrement libérées. Les actions sont donc actuellement au nombre de 2.400, de 500 francs. — Répartition : 5 % réserve légale, 5 % du montant libéré des actions. Sur le surplus, 10 % au Conseil, 10 % au personnel et 80 % aux actions (sauf prélèvements pour réserves après simple paiement d'un deuxième dividende de 5 % aux actions). — Administrateurs : MM. V. Fris, G. Pauwells, R. Humoir, J. Allard, de Chevigné, R. Pauwells, A. Stern. — Service financier au siège social.

Cesse (Charbonnages de la).

10 mars, cotation en Banque, au comptant, de 3.000 obligations de 500 francs 5 %. — Publications B. A., 7 décembre 1908. — Intérêt annuel : 25 francs, payables par moitié, les 5 mars et 5 septembre. — Remboursement au pair en 60 ans, par tirages au sort à partir de 1919.
Anonyme française constituée le 18 janvier 1909, pour 99 ans. — Exploitation des charbonnages de la Cesse, mine de Bize (Aude). La Société a pris la suite de la Société anglaise The Cesse Coalfieds Bize Mines Limited, en liquidation. — Siège social : 13, rue du Helder, Paris. — Année sociale : 1er janvier, 31 décembre. — Assemblée : avant fin mars. — Capital : 2 millions de francs en 20.000 actions de 100 francs, dont 16.000 d'apport attribuées à MM. J. Bardou et A. Ménagé, en outre de 5.000 parts de fondateurs. — Administrateurs : MM. A. Ménagé, P. Darfeuille, J. Samat, E. Chaillet. — Service financier chez MM. A. Ménagé et Cie, 13, rue du Helder, Paris.

La Société a été déclarée en faillite par jugement en date du 19 octobre 1909.

Premiers cours inscrits : 475-478.
Plus haut cours : 480. — Plus bas : 475.
Pas de cours depuis le 15 mars.

Chaleur et Lumière (Société Française de).

10 mai, cotation des actions en Banque au comptant. — Publications B. A., 22 mars 1909. — Anonyme française constituée le 16 mars 1901, pour 20 ans. — Brûleur à gaz à incandescence, poêle à gaz, manchons, etc. — Siège social : 115, rue Fazillau, à Levallois-Perret. — Année sociale : 1er juillet, 30 juin. — Assemblée : avant fin décembre. — Capital social : à l'origine, 1 million de francs en 10.000 actions de 100 francs, dont 7.500 d'apport ; réduit en 1902 à 650.000 francs par l'annulation de 3.500 actions d'apport ; porté en 1902 à un million de francs ; réduit en 1906 à 600.000 francs par l'échange à raison de trois actions nouvelles contre cinq anciennes (2.400 actions d'apport et 3.600 souscrites en espèces) ; porté en 1906 à 1 million de francs en 10.000 actions de 100 francs. — Répartition : 5 % réserve légale, 6 % aux actions ; sur le surplus, 6 % au Conseil et 4 % facultatif pour le personnel ; le solde aux actions, sauf prélèvement pour fonds de prévoyance. — Administrateurs : MM. J. Deleury, E. Dupasseur, J. Delamotte, E. Lattès, Ch. Clamond, J. Derbanne. — Service financier à la Banque de Paris et des Pays-Bas.

Dernier dividende : 6 francs.
Cours de 106 et 107.

Chemins de fer Andalous (oblig. 3 0/0 1907).

18 juin, cotation en Banque au comptant, de 10.150 obligations de 500 francs, 3 %. — Publications B. A., 19 août 1907. — Ces obligations font partie d'une série de 100.000 obligations créées en 1907 et placées sous le régime de l'article 7 du Convenio homologué le 1er décembre 1906. — Emises à 322 fr. — Intérêt annuel : 15 francs, sous déduction des impôts, payables par moitié les 1er juin et 1er décembre. — Amortissement au pair en 51 ans, par tirages au sort annuels à partir de 1908.
Anonyme espagnole constituée le 30 mai 1877. — Siège social : à Madrid ; le comité de Paris a son siège, 4, rue de Rome. — Année sociale : 1er janvier, 31 décembre. — Le capital actions est de 41.500.000 pesetas en 83.000 actions de 500 pesetas. — Il existe trois autres séries d'obligations. — Service

financier à Paris des obligations 3 % 1907 à la Banque de Paris et des Pays-Bas.

Premier cours : 335.
Derniers cours : 324-325.

Chemins de fer Autrichiens.

Depuis le 17 août, les obligations 3 % (ancien et nouveau réseau) et 4 % de la Société autrichienne-hongroise privilégiée des Chemins de fer de l'Etat, qui figuraient auparavant à la Cote officielle sous la rubrique « Valeurs étrangères », ont été inscrites au rang des Fonds d'Etats étrangers, au comptant et à terme, à la suite des rentes autrichiennes 4 %. Les dites obligations ne sont négociables qu'en titres revêtus du timbre français de 2 %.

Chemin de fer de Bari à Locorotondo.

4 octobre, cotation au Parquet, au comptant, de 15.483 obligations concordataires de 500 fr. 3 1/2 %. — Elles ont été créées en exécution du concordat du 28 mai 1909, pour l'échange, titre pour titre, des obligations anciennes 4 %. — Intérêt annuel : 17 fr. 50, payables par moitié, les 1er janvier et 1er juillet. — Amortissement en 65 ans, de 1909 à 1974, par tirages au sort semestriels ou par rachats en Bourse.

Ch. de fer Buzau-Neholazu (Cie Roumaine du).

25 octobre, cotation en Banque, au comptant, de 12.000 obligations de 500 lei or ou francs 5 %. — Publications B. A., 19 juillet et 16 août 1909. — Emises à 480 francs. — Intérêt annuel : 25 francs, nets d'impôts roumains présents et futurs, payables par moitié, les 1er mai et 1er novembre. — Amortissement au pair en 50 ans au plus, par rachats en Bourse ou par tirages au sort, à partir du 1er novembre 1910. — Garanties : la subvention du royaume de Roumanie, la subvention du district de Buzau et l'actif de la Société.

Société anonyme roumaine constituée le 12 juillet 1909, pour une durée illimitée. — Reprise du chemin de fer Buzau-Neholazu. — Siège social : à Bucarest, Roumanie. — Année sociale : 1er janvier, 31 décembre. — Le capital actions est de 6 millions de lei en 12.000 actions de 500 lei. — Administrateurs : MM. J. C. Cantacuzène, M. Blanck, E. S. Miclescu, M. Romniceano, A. Saligny, P. Weiss, D. Zafiropoulo. — Service financier à Paris, au Crédit Foncier d'Algérie et de Tunisie et à la Banque Transatlantique.

Premiers cours inscrits : 480-482.
Plus haut cours : 488. — Plus bas : 475,50.
Dernier cours : 479, le 31 décembre.

Chemin de fer Colombian National Ry. Cy.

11 février, cotation en Banque au comptant, de 10.000 obligations de £ 20, 6 %. — Publications B. A.,

26 octobre 1908. — Intérêt annuel : 30 fr. 24 qui sont payables par moitié, sous déduction des impôts français, les 1er janvier et 1er juillet. — Remboursables à 504 francs. — Garantie inconditionnelle et sans réserve de la République Colombienne, pour l'intérêt et le capital, et hypothèque spéciale de 4 % du revenu des douanes nationales du pays.

Société anglaise enregistrée le 19 juin 1889. — Construction et exploitation de la ligne de Bogota à Girardot (Colombie), d'une longueur de 86 milles. — Siège social : Cannon Street House, à Londres E. C. — Le capital actions est de 900.000 £ en actions d'une livre, dont 300.000 livres au gouvernement colombien. — Il a été fait 3 émissions d'obligations 6 %, 1re, 2e et 3e hypothèques. — Service financier à la Société Anglo-Française de Banque, 27, rue Mogador, Paris.

Premiers cours inscrits : 428,50-429,50.
Plus haut cours : 465. — Plus bas : 418.
Dernier cours : 445, le 31 décembre.

Chemins de fer des Côtes-du-Nord (Cie des).

10 juillet, cotation au Parquet au comptant (2e partie du Bulletin de la Cote), des actions de priorité et actions ordinaires et de 1.800 obligations de 500 francs 4 %. — Publications B. A., 20 avril 1908. — Anonyme française constituée pour la reprise de la concession des chemins de fer d'intérêt local des Côtes-du-Nord. — Siège social : 33, boulevard Malesherbes, Paris. — Année sociale : 1er janvier, 31 décembre. — Assemblée : avant fin juin. — Capital social : 1.500.000 francs en 15.000 actions de 100 francs, dont 7.500 de priorité et 7.500 ordinaires.

Les 1.800 obligations font partie d'un total de 1906 dont l'émission a été autorisée en 1907. — Intérêt annuel : 20 francs, payables par moitié, sous déduction des impôts, les 1er avril et 1er octobre. — Remboursables au pair en 60 ans à partir de 1908, par tirages au sort annuels ou par rachats, sous réserve d'anticipation.

Service financier au Crédit Industriel et Commercial, 66, rue de la Victoire.

Chemins de fer du Doubs (Compagnie des).

11 février, cotation des actions en Banque au comptant. — Publications B. A., 22 juin 1908. — Anonyme française constituée le 4 juillet 1908, pour durer jusqu'au 23 février 1971. — Chemin de fer d'intérêt local de Besançon à Amathay-Vésigneux (Doubs). — Siège social : 69, avenue de la Grande-Armée, Paris. — Année sociale : 1er janvier, 31 décembre. — Assemblée : avant fin juin. — Capital social : 1 million de francs en 4.000 actions de 250 fr. — Répartition : 5 % réserve légale, 4 % aux actions ; prélèvement facultatif pour amortissement ; sur le surplus, 15 % au Conseil, 20 % facultatif pour emploi à déterminer, 65 % aux actions amorties et non amorties. — Administrateurs : MM. E. Laborie, Art. Laborie, Ab. Laborie, M. Ferembach. — Service financier au Crédit Lyonnais.

Dernier dividende : 10 francs.
Dernier cours : 250.

Chemins de fer de l'Equateur (Cie Fse des).

24 juin, cotation de 14.000 obligations de 500 fr. 5 %, en Banque au comptant. — Publications B. A., 22 mars et 10 mai 1909. — Emises en juin 1909, sur 46.000 dont l'émission est autorisée par les statuts, à 422 fr. 50. — Intérêt annuel : 25 francs, payables par moitié, les 1er avril et 1er octobre. — Remboursement au pair, en 60 ans, par tirages au sort annuels, premier tirage le 1er mars 1913. — Garanties : l'ensemble de l'actif de la Compagnie et un intérêt de 6 % l'an par le gouvernement de l'Equateur (douanes de la province de Menabi) sur le capital dépensé pour la construction de la ligne, jusqu'à concurrence de 25 millions, en cas d'insuffisance de l'actif pour couvrir cet intérêt.

Société anonyme française constituée le 15 avril 1909, pour 99 ans. — Construction et exploitation d'une ligne entre Bahia de Caraquez et Quito (Equateur). — Siège social : 20, rue de Mogador, Paris. — Année sociale : 1er janvier, 31 décembre. — Le capital actions est de 2 millions de francs, en 8.000 actions de 250 francs, dont 4.000 d'apport, attribuées, avec 2.000 parts de fondateur, à M. Catefort, apporteur de la concession. — Administrateurs : MM. A. Ponsignon, A. Magnin, P. Maurice Blaise. — Service financier : Banque Commerciale et Industrielle, 25, rue de Clichy, Paris.

Premiers cours inscrits : 425-426.
Plus haut cours : 430,50. — Plus bas : 400.
Dernier cours : 422, le 31 décembre.

Chemins de fer Georgia Southwestern and Gulf Rd Cy (The).

6 décembre, cotation en Banque au comptant, de 30.000 obligations série C, de 100 dollars 5 %, or. — Publications B. A., 15 février 1909. — Ces obligations font partie d'un emprunt de 4 millions de dollars. — Intérêt annuel : 5 % or, net d'impôts, payable les 1er janvier et 1er juillet. — Remboursement au pair, le 1er janvier 1959. — Garantie de 1re hypothèque.

Société américaine, régime des lois de l'Etat de Georgie, constituée en septembre 1906, pour une durée illimitée. — Ligne d'Albany à St-Andrews Bay. — Siège social : à Albany, Etat de Georgie (E.-U.). — Année sociale : 1er juillet, 30 juin. — Le capital actions qui était à l'origine de 300.000 dollars a été porté en 1908 à 4 millions en actions de 100 dollars. — Administrateurs : MM. W. M. Legg, T. J. Schingler, H. J. Bruton, W. Milton, J. W. Bruton, R. A. Lytle, T. S. Harves, A. H. Russell, S. D. Cherry. — Service financier : Carnegie Trust Co, New-York, et ses correspondants en France.

Premiers cours inscrits : 478-480.
Plus haut cours : 487. — Plus bas : 474.
Dernier cours : 487, le 31 décembre.

Chemin de fer Great Northern Central Railway of Columbia, Limited.

19 juillet, cotation en Banque au comptant, de 24.320 obligations 5 1/2 % or de £ 20 ou 503 francs. — Publications B. A., 7 décembre 1908. — Intérêt

annuel : 5 1/2 % payables par semestre, les 1er janvier et 1er juillet, sous déduction des impôts. — Amortissement au pair en 95 années à partir de 1911, par tirages au sort annuels ou rachats en Bourse. — Garantie du gouvernement colombien (intérêt de 7 % annuel sur 40.000 pesos or pour chaque kilomètre de la ligne du Puerto-Wilches à Bogota (Colombie).

Société anglaise incorporée le 4 avril 1907, pour une durée illimitée. — Siège social : Dashwod House, New Broad Street, 123, Londres. — Année sociale : 1er juillet, 30 juin.— Le capital actions est de £ 500.000 en 500.000 actions de £ 1, dont 493.993 d'apport. Sur les 6.007 actions de surplus, 5.000 étaient à la souche au 30 juin 1908 et 1.007 libérées de 2 shillings. — Administrateurs : MM. E. Penn Gaskell, A. G. Brand, A. de Chimay, N. Grattan Doyle, G. Patino. — Service financier des obligations à Londres à la London and South Western Bank et à Paris, chez MM. Armstrong et Cie, 19, rue Scribe.

Premier cours : 425.
Plus haut cours : 435. — Plus bas : 420.
Dernier cours 435, le 31 décembre.

Chemins de fer de l'Indo-Chine et du Yunnan (Compagnie Française des).

15 janvier, cotation au Parquet au comptant, de 10.000 actions privilégiées. Les actions anciennes et les obligations sont cotées au Parquet au comptant depuis le 28 octobre 1901. — Publications B. A., 28 septembre 1908. — Anonyme française constituée le 10 avril 1901, pour 75 ans. — Chemins de fer de Laokay à Yunnan-Sen (468 kilomètres) et de Haïphong à Laokay (385 kilomètres). — Siège social : 1, rue Pillet-Will, Paris. — Année sociale : 1er janvier, 31 décembre. — Assemblée en juin. — Capital social : à l'origine, 12.500.000 francs en 25.000 actions ordinaires de 500 francs ; porté en 1908 à 17.500.000 francs en 35.000 actions de 500 francs dont 25.000 ordinaires et 10.000 privilégiées. — Il a été émis 178.000 obligations de 500 francs 3 %. — Répartition : 1° 5 % réserve légale, 2° 4 % aux actions privilégiées, 3° 4 % aux actions ordinaires, 4° 1 % à toutes les actions, 5° somme pour réserves et prévoyance ; le solde est réparti : 10 % au Conseil et 90 % aux actions. — Administrateurs : baron Hely d'Oissel, A. Rostand, S. Simon, P. Desvaux, L. de Sinçay, H. E. Boyer, F. Rainbeaux, E. de Sinçay, H. Wiener, Rambaud. — Service financier : Banque de l'Indo-Chine, Banque de Paris et des Pays-Bas, Comptoir National d'Escompte, Société Générale, Crédit Lyonnais, Banque Française.

Chemin de fer Missouri Oklahoma and Gulf Railway Cy.

2 août, cotation en Banque au comptant, des obligations 5 % or, 1re hypothèque (2.500.000 dollars d'obligations en obligations de 100 dollars (515 fr.). — Elles font partie d'un emprunt hypothécaire de 3 millions de dollars. — Emises à 476 fr. 35 (plus intérêts courus). — Intérêt annuel : 25 fr. 70 nets d'impôts actuels, payables les 1er mai et 1er novembre. — Remboursement au pair en bloc le 1er novem-

bre 1944. — Garanties : 1re hypothèque sur l'actif de la Compagnie et privilège de création à raison de 25.000 dollars par mille de ligne construite.

Société américaine (lois d'Oklahoma) constituée en 1904, pour 99 ans. — Ligne de Wagonta à Sherman (293 kilomètres). — Siège social : à Shawnee (Oklahoma, U. S. A.). — Le capital actions est de 10 millions de dollars en 100.000 actions ordinaires de 100 dollars, dont 3 millions de dollars émis au 1er janvier 1909. — Administrateurs : MM. W. Kenefick, W. P. Dewar, H. Brunner, D. N. Fink, W. H. Trumbull, Clarence Walter. — Service financier des obligations en France : Banque Franco-Américaine, 22, place Vendôme, Paris.

Premier cours inscrit : 478.
Plus haut cours : 488. — Plus bas : 470.
Dernier cours : 476, le 31 décembre.

Chemin de fer Riazan Ouralsk (Société du).

8 février, cotation en Banque, au comptant, de 50.820 obligations de R. 187,50 ou 500 francs, 4 1/2 %. Publications B. A., 14 décembre 1908. — Intérêt annuel : 22 fr. 50 nets, payables par moitié, les 15 juin et 15 décembre. — Amortissables en 40 années et ne pouvant être converties avant 1924. — Garantie directe et absolue du gouvernement impérial de Russie.

Société anonyme russe constituée le 12 mars 1865. La durée de la concession prend fin en 1947 avec droit au gouvernement de racheter à partir de 1917. — Construction d'une voie ferrée de Riazan à Koslow. — Siège social : à Saint-Pétersbourg. — Le capital actions est de £ 782.500 en 7.825 actions de £ 100. Le gouvernement russe garantit un minimum de dividende de 5 % sur le capital nominal des actions. — Service financier des obligations à la Banque Privée Lyon Marseille.

Premier cours : 450.
Plus haut cours : 497. — Plus bas : 450.
Dernier cours : 483, le 31 décembre.

Ch. de fer St-Louis and San Francisco Rd. Cy.

3 novembre, cotation en Banque au comptant, de 100.000 obligations hypothécaires de 100 dollars ou 516 francs 5 % or. — Publications B. A., 5 et 12 juillet 1909. — Emises par la Banque Privée à 477 fr. 50. — Intérêt annuel : 25 fr. 80 brut, payables sous déduction des impôts français, par moitié, les 1er mai et 1er novembre. — Amortissement à 516 francs le 1er mai 1927, sauf droit de remboursement à 528 fr. 90 avant le 1er mai 1922. — Garanties : hypothèque sur 8.595 kilomètres de lignes, dont 1.064 en 1re hypothèque, et hypothèque générale sur toutes les propriétés de la Compagnie.

Société anonyme américaine constituée le 29 juin 1896 dans l'Etat de Missouri (U. S. A.), pour une durée de 100 ans. — Exploitation de diverses lignes en Amérique. — Année sociale : 1er juillet, 30 juin. — Le capital actions est de 200 millions de dollars dont 50 millions émis au 30 juin 1908. — Administrateurs : MM. B. F. Yoakum, J. Campbell, F. L. Hine, R. Mather, W. H. Moore, J. H. Moore, D. G.

Reid. — Service financier des obligations à la Banque Privée, 3, rue Pillet-Will, Paris.

Premiers cours : 478-479,50.
Plus haut cours : 485. — Plus bas : 478,50.
Dernier cours : 484,50, le 31 décembre.

Chemin de fer Sud-Est de la Russie.

20 septembre, cotation au Parquet, au comptant et à terme, de 103.637 obligations de 500 francs 4 1/2 %. — Publications B. A., 24 et 31 mai 1909. — Emises à 472 fr. 50, libérées et au porteur. — Intérêt annuel : 22 fr. 50, payables par moitié, les 1er avril et 1er octobre. — Amortissables en 44 ans, de 1909 à 1953, par rachats sur le marché jusqu'en décembre 1924 et ensuite par tirages au sort ou rachats. L'emprunt ne peut être ni converti ni appelé au remboursement avant le 1er janvier 1925. — Garanties de l'actif de la Société et du gouvernement Impérial Russe.

Société russe exploitant les chemins de fer fusionnés de Griazi-Tzaritsine et Koslow-Voronège-Rostow (Russie), jusqu'au 20 juin 1953. — Siège social à Saint-Pétersbourg. — Le capital actions est de 32.926.125 roubles en 175.606 actions de R. 187,50. Il y a eu depuis 1887 plusieurs émissions d'obligations. — Service financier des obligations : Banque de Paris et des Pays-Bas, Comptoir d'Escompte, Crédit Lyonnais, Société Générale, Crédit Industriel et Commercial, Banque Internationale de Commerce de Saint-Pétersbourg, MM. Hottinguer et Cie.

Les cours ont peu varié autour du cours de 489, inscrit à l'introduction et reproduit au 31 décembre.

Chemin de fer Sud-Ouest de l'Etat de Bahia.

24 mai, cotation en Banque au comptant, de 10.000 obligations de £ 20 ou 503 francs 6 % or, 1re hypothèque. — Publications B. A., 9 novembre 1908. — Emises en mars 1909 à 465 francs, sur les 12.000 dont l'émission a été autorisée. — Intérêt annuel : 30 francs, payables par moitié, les 1er mars et 1er septembre. — Remboursement au pair par tirages au sort, en 50 ans, à partir de 1912. — Garanties : 1re hypothèque sur toutes les propriétés de la Compagnie et affectations de la garantie kilométrique or du gouvernement de l'Etat de Bahia.

Société anglaise à responsabilité limitée. — Exploitation de chemins de fer, télégraphes, etc., dans l'Etat de Bahia et particulièrement de la ligne d'Ilheos à Tabocas. — Siège social : 3, Salters Hall Court Cannon Street, Londres E. C. — Le capital actions est de £ 200.000 en 200.000 actions de £ 1, dont 180.000 d'apport. — Administrateurs : MM. Colonel Paget, P. Mosley, A. G. Brand et Fontaine de Laveleye. — Service financier des obligations : London et Brazilian Bank, 5, rue Scribe, et Banque Transatlantique.

Premiers cours : 463-464.
Plus haut cours : 470. — Plus bas : 444.
Dernier cours : 462, le 31 décembre.

Chemins de fer et Tramways du Var et du Gard.

A partir du 24 mai, les 40.000 actions de 100 fr. et les 6.000 obligations de 500 francs 4 % qui étaient inscrites à la deuxième partie du Bulletin de la Cote, ont été admises à la première partie dudit Bulletin, au comptant.

A partir de la même date, les 2.000 obligations nouvelles de 500 francs 4 %, nᵒˢ 6.001 à 8.500, de ladite Société ont été admises aux négociations de la Bourse, au comptant.

Chemin de fer Transalaska-Siberian Ry. Cy.

12 mai, cotation en Banque au comptant, de 100.000 obligations de 100 dollars 5 %. — Publications B. A., 8, 22 février et 10 mai 1909. — Intérêt annuel : 5 %, payables par moitié, les 1ᵉʳ mars et 1ᵉʳ septembre. — Remboursement au pair en 30 ans, par voie de tirages au sort annuels à partir de 1920.

Société américaine enregistrée le 24 octobre 1906, pour une durée illimitée, sous les lois de l'Etat de New-Jersey (Etats-Unis). — Siège social : à Jersey City ; avec agence à Paris, 20, rue de La Boëtie. — Année sociale : 1ᵉʳ janvier, 31 décembre. — Assemblée : le dernier jeudi d'octobre. — Le capital actions est de 6 millions de dollars en 60.000 actions de 100 dollars. La Compagnie avait en réserve en portefeuille, le 31 décembre 1908, pour 1.500.000 dollars d'actions. — Administrateurs : MM. Loïcq de Lobel, J. A. L. Waddel, J. R. Turner, J. L. Harrington, W. H. Black. — Service financier au siège social.

Premiers cours inscrits : 432,50-433.
Plus haut cours : 433. — Plus bas : 160.
Dernier cours : 265, le 24 décembre.

Chemin de fer Uruguay East Coast Ry. Cy. Ltd.

12 juillet, cotation en Banque au comptant, de 15.750 obligations de £ 20 (503 francs) 5 %, 1ʳᵉ hypothèque. — Publications B. A., 7 juin 1909. — Intérêt annuel : 25 francs, exempts d'income-tax, payables en or, par moitié, les 1ᵉʳ avril et 1ᵉʳ octobre. — Amortissement à partir de 1911, par tirages annuels, au moyen d'un fonds d'amortissement annuel de 1 %.

Société anglaise incorporée le 11 juillet 1908, pour une durée illimitée. — Chemin de fer de Olmos-Junction à Maldonado (113 kilomètres, Uruguay).— Siège social : 564, Salisbury House, London Wall, Londres. — Le capital actions est de £ 125.000 en 125.000 actions de £ 1, dont 123.440 d'apport à la « Uruguay Great Eastern Ry. Cy. Ltd » (en liquidation), en outre de £ 184.980 d'obligations (stock d'obligations de revenu) et £ 1.200 espèces. — Administrateurs : MM. A. Frewin, G. Grinnell Milne, G. Hannaford. — Service financier à Paris à la Société Générale.

Premier cours : 465,25.
Plus haut cours : 475. — Plus bas : 460.
Dernier cours : 468,50

Chemin de fer Volga-Bougouima.

21 janvier, cotation au Parquet, au comptant et à terme, de 69.840 obligations de 500 francs 4 1/2 %. — Emises à 437 fr. 50, libérées et au porteur. — Intérêt annuel : 22 fr. 50, payables par moitié, les 1ᵉʳ mars et 1ᵉʳ septembre. — Remboursables au pair par tirages au sort annuels, de 1911 à 1987, sous réserve de remboursement anticipé à partir de 1919. — Garantie du gouvernement impérial de Russie. — Service financier, à Paris, à la Banque Privée Lyon Marseille, 3, rue Pillet-Will.

Premiers cours : 450-449,50.
Plus haut cours : 491. — Plus bas : 446.
Dernier cours : 490,75, le 31 décembre.

Ciments, Chaux et Produits Céramiques de l'Yonne (Société Anonyme des).

5 mars, cotation des actions, en Banque au comptant. — Publications B. A., 12 et 26 octobre 1908. — Anonyme française constituée le 23 septembre 1908, pour 50 ans. — Exploitation de ciments, chaux, céramiques, etc., aux usines de Guillon (Yonne), de Rougemont (Côte-d'Or) et d'Aisy (Yonne). La Société a pris la suite des Etablissements Cotton, fondés en 1860. — Siège social : Aisy-sur-Armançon (Yonne). — Année sociale : 1ᵉʳ janvier, 31 décembre. — Assemblée : avant fin juin. — Capital social : à l'origine 200.000 francs en 2.000 actions de 100 francs dont 1.800 d'apport à M. H. Cotton ; porté depuis 1908 à 600.000 francs en 6.000 actions de 100 francs. — Répartition : 5 % réserve légale, 5 % aux actions ; sur le solde, 75 % aux actionnaires, 20 % au Conseil et 5 % au personnel. — Administrateurs : MM. Lombard, H. Cotton, J. Cotton. — Service financier au siège social.

Coupon 1 attaché.
Premiers cours inscrits : 100-107.
Plus haut cours : 206,50. — Plus bas : 100.
Plus de cours depuis le 21 septembre.

Classes Laborieuses (Aux), Limited.

3 mars, cotation en Banque au comptant, des actions privilégiées B. — Publications B. A., 15 février 1909. — Société anglaise enregistrée le 13 décembre 1897 pour une durée illimitée. — Exploitation à Paris et en France, des magasins de nouveautés, etc., « Aux Classes Laborieuses » et à Saint-Germain et à Meulan, des magasins « Au Petit Saint-Thomas ».— Siège social : 32, Old Jewry, Londres ; siège administratif à Paris, 46 et 48, boulevard de Strasbourg et 171-173 faubourg Saint-Martin. — Année sociale : 1ᵉʳ février, 31 janvier. — Assemblée générale : juin ou juillet. — Capital social : £ 775.000, en 75.000 actions privilégiées cumulatives 7 % de £ 5 ; 150.000 actions privilégiées B cumulatives et en participation de £ 1 et 250.000 actions ordinaires de £ 1. — Répartition : 7 % par an cumulatif aux actions privilégiées ; 9 % aux actions ordinaires, sauf prélèvement de 10 % au maximum du surplus, pour réserves ; sur le solde, 50 % aux actions privilégiées B et 50 % aux actions

ordinaires. — Administrateurs : MM. D. Dalziel, J. Lee, R. Nagelmakers, E. Debraine, A. Jozon, R. Gordon. — Service financier au siège administratif à Paris.

Premiers cours inscrits : 38-38,25.
Plus haut cours : 39,50. — Plus bas : 25.
Dernier cours : 26, le 23 octobre.

Cotonnière Russo-Française (Société).

1er décembre, cotation des actions et des parts bénéficiaires, au Parquet au comptant. (Les actions se négociaient auparavant en Banque au comptant depuis mai 1899 et les parts depuis juin 1907.) — Anonyme française constituée le 8 juillet 1898, pour 50 ans. — Coton et industrie textile en Russie. — Siège social : 60, rue de la Victoire, Paris. — Année sociale : 1er janvier, 31 décembre. — Assemblée : avant fin juin. — Capital social : 10 millions de francs en 20.000 actions de 100 francs. Il existe en outre 12.000 parts, dont 8.000 d'apport en outre d'une somme de 40.000 francs espèces. — Répartition : 5 % réserve, 5 % cumulatif aux actions ; sur le surplus, 10 % au Conseil ; sur le solde, 70 % aux actions et 30 % aux parts. — Les trois derniers dividendes ont été deux de 25 francs et un de 50 francs (celui-ci comprenant 25 francs d'intérêts arriérés). Les parts n'ont rien reçu encore. — Service financier au Comptoir National d'Escompte.

	Actions	Parts
Premiers cours	933	315
Plus hauts cours	963	345
Plus bas	905	305
Derniers cours	925	335

Les derniers cours sont au 31 décembre.
Dernier dividende pour l'action : 50 francs. Coupon 1 attaché pour les parts.

Crédit Foncier d'Algérie et de Tunisie.

1er juillet, cotation des titres résultant de la fusion, sous cette nouvelle dénomination, du Crédit Foncier et Agricole d'Algérie et du Crédit Foncier de Tunisie.

Crédit Foncier de France (Foncières 1909).

9 janvier, cotation au Parquet au comptant et à terme, de 1.400.000 obligations foncières de 250 fr. 3 % 1909. — Emises à 247 fr. 50, stipulées payables par termes échelonnés jusqu'au 21 mars 1912. — Intérêt annuel : 7 fr. 50, payables par moitié, les 1er février et 1er août, sous déduction des impôts. — Remboursables au pair ou avec lots en 70 années. En cas de remboursement au pair avant le 1er janvier 1920, les porteurs des obligations remboursées recevront une prime de 10 francs. — Il y aura 12 tirages de lots par an pendant les 20 premières années et 6 tirages par an pendant les 50 dernières. Les lots sont de 100.000, 50.000, 10.000, 1.000 et 500 fr. Le Crédit Foncier de France (siège social, 19, rue des Capucines, à Paris) a été constitué en juillet 1852 et depuis 1901 son capital actions est de 200 millions de francs, en 400.000 actions de 500 francs.

Premier cours : 249,25.
Plus haut cours : 270. — Plus bas : 249.
Dernier cours : 269,50, le 31 décembre.

Crown Mines, Limited.

25 juin, cotation des actions en Banque, au comptant et à terme. — Publications B. A., 14 et 28 juin 1909. — Société à responsabilité limitée enregistrée au Transvaal en 1909. — Exploitation au Rand de 2.216 claims environ, par l'absorption de dix Sociétés et par cessions. — Siège social : The Corner House, à Johannesburg ; correspondant à Paris, la Compagnie Française de Mines d'Or et de l'Afrique du Sud, 20, rue Taitbout. — Année sociale : 1er janvier, 31 décembre. — Assemblée : avant fin avril, à Johannesburg. — Capital social : £ 1.000.000 en 2 millions d'actions de 10 shillings, dont 136.988 à la réserve. Coupures de 1, 5, 10 et 25 actions. — Administrateurs : MM. L. Reyersbach, R. W. Schumacher, Samuel Evans, F. D. P. Chaplin, H. A. Rogers, H. O'K. Webber, E .A. Wallers. — Service financier à la Compagnie Française de Mines d'Or et de l'Afrique du Sud, Paris.

Premiers cours inscrits : 229-230.
Plus haut cours : 233. — Plus bas : 198.
Dernier cours 214, le 31 décembre.

Diner de Paris (Le), Etablissements E. Chartier.

19 avril, cotation des actions, en Banque au comptant. — Publications B. A., 25 janvier 1909. — Anonyme française constituée le 15 mars 1909, pour 50 ans. — Exploitation d'un restaurant et bar situés passage Jouffroy et boulevard Montmartre. — Siège social : 10 et 12, boulevard Montmartre et 11-13, passage Jouffroy, Paris. — Année sociale : 1er janvier, 31 décembre. — Assemblée : entre le 1er avril et le 30 juin. — Capital social : 600.000 fr. en 6.000 actions de 100 francs, dont 1.000 d'apport à MM. Chartier et Angers en outre des 2.000 parts de fondateurs et d'une somme espèces de 450.000 francs. — Répartition : 5 % réserve légale, 5 % aux actions, 10 % au Conseil ; sur le solde, 75 % aux actions et 25 % aux parts, sauf prélèvements de prévoyance. — Administrateurs : MM. E. L. Chartier, A. E. Angers, J. Gillette-Arimondy, J. B. Joany, G. Stasse, A. Barbe, J. Laigres, E. Gauthier, J. Seguin. — Service financier chez MM. L. Chéré, J. Seguin et Cie, 43, boulevard Haussmann, Paris.

Coupon 1 attaché.
Premiers cours : 123-125.
Plus haut cours : 129. — Plus bas : 50.
Dernier cours : 70, le 8 décembre.

Distilleries du Nord.

13 février, cotation des actions de priorité et ordinaires, en Banque au comptant. — Publica-

tions B. A., 23 septembre 1907. — Anonyme française constituée le 23 janvier 1902, pour 30 ans. — Continuation de l'exploitation antérieure de l'industrie de l'alcool sous le nom de Compagnie Française des Alcools dénaturés. — Siège social : 12, rue de Châteaudun, Paris. — Année sociale : 1er avril, 31 mars. — Assemblée : avant fin septembre. — Capital social : après avoir été successivement de 300.000 francs, 1.000.000 et 1.250.000 francs, il est actuellement de 700.000 francs, en 2.000 actions ordinaires de 100 francs et 5.000 actions de priorité de 100 francs. — Répartition : 5 % réserve légale, 10 % au Conseil, 5 % cumulatif s'il y a lieu, aux actions de priorité. Sur le surplus, 50 % à chacune des deux catégories d'actions. — Administrateurs : MM. Grosset, Barbet, Drapier, Mario Fabre, A. de Polignac. — Service financier au siège social.

	Priorité	Ordin.
Premiers cours	90-100	10
Plus hauts cours	110	60
Plus bas	65	10
Derniers cours	65	60

Les actions ordinaires n'ont pas eu de cours inscrit depuis le 7 avril et les actions de priorité depuis le 7 septembre. Coupon 1 attaché pour toutes les actions.

Dombrowa (Houillères de).

27 janvier, cotation au Parquet au comptant, de 24.000 parts de propriété. — Ces parts représentent les 12.000 actions anciennes remboursées en vertu d'une décision de l'assemblée générale du 2, novembre 1908 (actions cotées au Parquet au comptant depuis 1891) et les 12.000 parts bénéficiaires créées à l'origine et attribuées aux apports (qui n'avaient pas été cotées).

Anonyme française constituée le 31 décembre 1878, pour 90 ans. — Charbonnages en Pologne russe. — Siège social : 41, rue de Richelieu, à Paris. — Année sociale : 1er juillet, 30 juin. — Assemblée : en novembre. — Les dividendes aux actions pour les trois derniers exercices avaient été de 40 fr, 102,50 et 44,25. — Administrateurs : MM. H. Fontaine, Audras, Astier, Bonzon, Boudinhon, Matheron, Moyne, L. Wolff. — Service financier au Crédit Lyonnais.

Premier cours : 1420.
Plus haut cours : 1655. — Plus bas : 1410.
Dernier cours : 1520, le 31 décembre.

Electrolytic Company (Spain and Portugal) Ltd.

3 mai, cotation des actions ordinaires de £ 1, en Banque au comptant. — Publications B. A., 6 avril et 27 juillet 1908. — Société anglaise à responsabilité limitée, incorporée le 19 mars 1908. — Exploitation des brevets Lafontaine dans la péninsule ibérique, pour traitement des métaux par l'électrolyse. — Siège social : 2, Church Court, Clements Lane, Londres, E. C. — Capital social : £ 255.000 en 250.000 actions ordinaires de £ 1, et 100.000 actions deferred de 1 shilling. Il a été attribué aux apports 85.000 actions ordinaires et toutes les actions deferred. — Répartition : après prélèvements divers pour réserves, 60 % aux actions ordinaires et 40 % aux actions deferred. — Administrateurs : MM. Moreau, E. A. Chevalme, L. Billet. — Service financier à la Banque pour les Valeurs Mobilières, 5, rue des Filles-Saint-Thomas, Paris.

Coupon 1 attaché.
Premier cours inscrit : 52.
Plus haut cours : 72,50. — Plus bas : 20.
Dernier cours : 27,50, le 5 octobre.

Energie Electrique du Sud-Ouest.

7 juin, cotation des actions, au Parquet au comptant. — Publications B. A., 23 novembre 1908 et 15 mars 1909. — Anonyme française constituée le 21 mai 1906, pour 75 ans. — Energie électrique fournie par la Dordogne. — Siège social : 92, rue de la Victoire, Paris. — Année sociale : 1er janvier, 31 décembre. — Capital social : à l'origine 7 millions de francs en 14.000 actions de 500 francs dont 3.100 d'apport à la Compagnie Générale de Distribution d'Energie Electrique ; porté en 1908 à 14 millions en 28.000 actions de 500 francs. — Répartition : 5 % réserve légale, 4 % aux actions, 10 % au Conseil, somme pour réserve extraordinaire ; le solde à la disposition des actionnaires. — Administrateurs : MM. Feraud, Burrell, Palaz, Bachelier, Cordier, Giros, Goury du Roslan, de Marchena, Rebuffel. — Service financier à la Société Marseillaise, 4, rue Auber, Paris.

Coupon 1 attaché.
Premier cours : 507-505.
Plus haut cours : 522. — Plus bas : 505.
Dernier cours : 515, le 31 décembre.

Engrais Organiques (Société Générale des).

2 décembre, cotation en Banque au comptant, de 1.000 obligations de 500 francs 5 %. (Les actions de cette Société sont cotées en Banque au comptant depuis le 16 août 1907 et les parts depuis le 1er juillet 1908.) — Publications B. A., 29 juillet 1907 et 29 novembre 1909. — Intérêt annuel : 25 francs nets de tous impôts, payables les 30 juin et 31 décembre. — Remboursables en 6 ans à partir de 1915. — Garanties hypothécaires sur usines, terrains, biens mobiliers et subvention.

Anonyme française constituée le 16 juillet 1907, pour 50 ans. — La Société a pris la suite de la Société des Engrais urbains, en liquidation, usines à Vitry et Ivry. — Siège social : 47, boulevard Haussmann. — Année sociale : 1er janvier, 31 décembre. — Assemblée : avant fin juin. — Le capital actions est de 2.500.000 francs en 25.000 actions de 100 francs, dont 10.000 d'apport à divers, en outre de 500.000 francs espèces et 100.000 parts de fondateurs. — Administrateurs : MM. Bellet, J. E. Descombes, G. Noblemaire, R. P. Thomas, L. de la Robertie, P. de Rouvre, A. Whitcomb. — Service financier au siège social.

Premiers cours inscrits : 465-465,50.
Plus haut cours : 466,50. — Plus bas : 465.
Dernier cours : 466,50, le 31 décembre.

Erie Cobalt Silver Mining Cy Limited.

17 mai, cotation des actions, en Banque au comptant. — Publications B. A., 11 mai 1908 et 10 mai 1909. — Société canadienne constituée le 28 mai 1906, pour une durée illimitée. — Exploitation d'un domaine argentifère dans le champ argentifère de Cobalt, district de Nipissing, gouvernement d'Ontario (Canada). — Siège social : 5, King Street West, Toronto (Canada). — Année sociale : 1er janvier, 31 décembre. — Assemblée : 4e lundi de janvier. — Capital social : 1 million de dollars en 1 million d'actions de 1 dollar, dont 500.000 émis. L'émission en France comportait 250.000 dollars sur le stock non émis. — Conseil des Directeurs : MM. J. H. Jewel, B. E. Strong, W. J. Clark, B. M. Rice, William Muir, Edw. Appleyard, Thomas Couton, W. A. Hunter, Neil, R. Mac Donald, E. Lowenstern. — Service financier à Paris : MM. Scholkpoff, Potherat et Cie, banquiers, 158 bis, rue du Temple.

Cours rares.

Ervedosa (Mines d'Etain d').

9 décembre, cotation des actions, en Banque au comptant. — Publications B. A., 26 juillet 1909. — Anonyme française constituée le 8 octobre 1909, pour 95 ans. — Mines d'étain et de wolfram en Portugal. — Siège social : 61, boulevard Haussmann, Paris. — Année sociale : 1er janvier, 31 décembre. — Assemblée : avant fin juin. — Capital social : à l'origine, 450.000 francs et porté presque aussitôt à 750.000 francs en 7.500 actions de 100 francs, dont 3.500 d'apport à M. Pons en outre d'une somme espèces de 180.000 francs et de 1.500 parts de fondateur. Les parts sont au nombre de 6.000 et 4.500 autres ont été attribuées aux actionnaires d'origine à raison de 1 part par action. — Répartition : 5 % réserve légale, 5 % aux actions ; sur le surplus, 15 % au Conseil et 5 % à la direction technique ; le solde sauf prélèvement facultatif de 30 % maximum, est distribué 70 % aux actions et 30 % aux parts. — Administrateurs : MM. R. d'Autroche, R. Balbiani, L. G. Devaux-Haussmann, M. Petit-Delchet, F. E. Pons. — Service financier au siège social.

Coupon 1 attaché.
Premiers cours inscrits : 199-200.
Plus haut cours : 238. — Plus bas : 199.
Dernier cours : 238, le 31 décembre.

Est Asiatique Danois (Compagnie de l').

13 juillet, cotation des actions, au Parquet au comptant. — Publications B. A., 1er mars 1909. — Société danoise formée le 1er janvier 1897, pour une durée illimitée. — Commerce, armement et opérations industrielles en Danemark et à l'étranger. — Siège social : à Copenhague. — Année sociale : 1er janvier, 31 décembre. — Assemblée : en juin. — Capital social : 15 millions de kroner (le kroner vaut 1 fr. 40) en 30.000 actions de 500 kroner. Il existe aussi 4.500.000 kroner d'obligations. — Répartition : fonds pour amortissement et 5 % aux

actions ; sur le surplus, 8 % aux directeurs gérants, 5 % au Conseil, 5 % aux fonctionnaires ; le solde aux actions. — Service financier au Crédit Lyonnais.

Dernier dividende : 40 couronnes.
Premier cours inscrit : 855.
Plus haut cours : 915. — Plus bas : 855.
Dernier cours : 900, le 29 décembre.

Etablissements Cazes (Société des).

23 janvier, cotation des actions, en Banque au comptant. — Publications B. A., 26 octobre 1908. — Anonyme française constituée le 17 décembre 1908, pour 50 ans. — Machines à explosion et à combustion, moteurs, etc. — Siège social : 19, route d'Asnières, à Clichy (Seine). — Année sociale : 1er janvier, 31 décembre. — Assemblée : avant fin juin. — Capital social : 1.200.000 francs en 2.400 actions de 500 francs, dont 560 d'apport à MM. Cazes et Chéré, en outre de 2.632 parts de fondateur et 80.000 francs espèces à M. Cazes et 1.632 parts et 92.000 francs espèces à M. Chéré. Les 736 autres parts (sur 5.000) ont été attribuées aux souscripteurs d'actions en espèces. — Répartition : 5 % réserve légale, 5 % aux actions ; sur le surplus, 15 % au Conseil, 5 % au directeur technique ; sur le solde, 75 % aux actions (sauf prélèvements de prévoyance) et 25 % aux parts. — Administrateurs : MM. L. Chéré, C. de Leusse, P. Soulaine, J. Séguin, V. Cazes, G. Jaubert, E. Hebrard. — Service financier à la Banque Lucien Chéré, J. Séguin et Cie, 43, boulevard Haussmann, Paris.

Coupon 1 attaché.
Premiers cours inscrits : 602-605.
Plus haut cours : 695. — Plus bas : 602.
Dernier cours : 693, le 31 décembre.

Etablissements Continsouza.

20 décembre, cotation des actions, en Banque au comptant. — Publications B. A., 1er novembre 1909. — Anonyme française constituée le 20 novembre 1909, pour 30 ans. — Usine pour constructions de phonographes et cinématographes. — Siège social : 9, rue des Envierges, Paris. — Année sociale : 1er janvier, 31 décembre. — Assemblée : en avril. — Capital social : 1.300.000 francs, en 13.000 actions de 100 francs, dont 3.000 d'apport à M. V. Continsouza, en outre d'une somme espèces de 300.001 francs. — Répartition : 5 % réserve légale, 5 % aux actions ; sur le solde, 10 % au Conseil et 90 % aux actions (sauf prélèvements pour fonds de réserve, de prévoyance ou d'amortissement). — Administrateurs : MM. O. Patin, Robert, de Wissocq, Continsouza. — Service financier à la Banque Commerciale et Industrielle, 25, rue de Clichy et chez MM. Adam et Cie, 36, rue Tronchet.

Coupon 1 attaché.
Premiers cours inscrits : 205-210.
Plus haut cours : 210. — Plus bas : 175.
Dernier cours : 189, le 31 décembre.

Etablissements Dautreville et Lebas (Anciens).

2 novembre, cotation des actions, en Banque au comptant. — Publications B. A., 19 juillet et 11 ocbre 1909. — Anonyme française constituée le 29 décembre 1906, pour 30 ans. — Vieille affaire datant de 1785 pour l'exploitation des produits d'alimentation des animaux et de la droguerie vétérinaire ; deux usines en Seine-et-Oise et dans la Meuse. — Siège social : 25, rue des Francs-Bourgeois, Paris. — Année sociale : 1er janvier, 31 décembre. — Assemblée : avant fin mars. — Capital social : 1 million de francs, en 2.000 actions de 500 francs dont 1.800 d'apport à M. Cordier, en outre des 100 parts de fondateurs. — Répartition : 5 % réserve légale, 5 % aux actions ; sur le solde, 5 % au Conseil, et, sauf prélèvements de prévoyance, 90 % aux actions et 5 % aux parts. — Administrateurs : MM. Cordier, B. Roux, P. Dopff, P. Bouffay, G. Cavé. — Service financier au siège social et au Comptoir d'Escompte.

Dernier dividende : 76,75.
Premiers cours inscrits : 905-912.
Plus haut cours : 1085. — Plus bas : 900.
Dernier cours : 1070, le 31 décembre.

Etablissements Decauville aîné (Soc. Nouv. des).

4 octobre, cotation des actions nouvelles de 100 francs, au Parquet au comptant. — Ces actions sont au nombre de 40.000, créées en vertu des résolutions prises à l'Assemblée du 15 mai 1909 qui a voté la réduction du capital de 5 millions à 2 millions de francs, pour aussitôt l'élever à 4 millions de francs. C'est ainsi que 20.000 des actions nouvelles ont été destinées à l'échange, à raison de 5 contre 2, des actions anciennes ; 20.000 ont été émises à 100 francs.

Anonyme française constituée le 31 mars 1894. — Matériel de chemins de fer, etc.; deux usines en France et une en Belgique. — Siège social : 13, boulevard Malesherbes, Paris. — Année sociale : 1er janvier, 31 décembre. — Assemblée : en mars ou avril. — Administrateurs : MM. S. de Neufville, E. Boyer, Léon Weill, Léon Bruneau, Paul André, E. Cahen. — Service financier au Crédit Industriel et Commercial, 66, rue de la Victoire.

Premier cours : 125.
Dernier cours : 114,50, le 31 décembre.

Etablissements Gaillard (Cie Française des).

10 juin, cotation en Banque au comptant, des actions et des parts de fondateurs. — Publications B. A., 24 mai 1909. — Anonyme française constituée le 13 mai 1909, pour 50 ans. — La Société succède à la maison Gaillard, constituée en 1877, pour divers commerces du bois. — Siège social : 1, rue de Montmorency, Béziers. — Année sociale : 1er janvier, 31 décembre. — Assemblée : avant fin mai. — Capital social : 2 millions de francs en 20.000 actions de 100 francs, dont 10.000 d'apport à M. Gail-

lard, en outre des 5.000 parts de fondateur. — Répartition : 5 % réserve légale, 5 % aux actions ; sur le surplus, 10 % au Conseil et 10 % pour fonds de prévoyance et amortissement ; sur le solde, 55 % aux actions et 45 % aux parts. — Administrateurs : MM. A. Gaillard, A. Baron, E .Driller, L. Azaïs.

	Actions	Parts
Premiers cours	142-143	169-170
Plus hauts cours	155	177
Plus bas	104	165
Derniers cours	104	170

Dernier cours des actions au 31 décembre ; des parts au 25 octobre. Coupon 1 attaché pour les actions et pour les parts.

Etablissements Godefroy.

28 octobre, cotation en Banque au comptant, des actions et des parts de fondateurs. — Publications B. A., 16 août 1909. — Anonyme française constituée le 15 septembre 1909, pour 30 ans. — Exploitation à Orbec (Calvados) de fromageries appartenant auparavant à M. Godefroy. — Siège social : à Orbec (Calvados). — Année sociale : 1er août, 31 juillet. — Assemblée : avant fin novembre. — Capital social : 900.000 francs en 9.000 actions de 100 francs. Il a été attribué 9.000 parts de fondateurs à M. André Sersily, pour son apport. — Répartition : 5 % réserve légale, 6 % aux actions ; sur le surplus, 10 % au Conseil et 20 % facultatif pour fonds de prévoyance et d'amortissement ; sur le solde, 50 % aux actions et 50 % aux parts de fondateurs. — Administrateurs : MM. A. Rigaud, Godefroy, Sabard. — Service financier : au Comptoir d'Escompte et chez MM. Orfila et Cie, 67, rue de Richelieu, Paris.

	Actions	Parts
Premiers cours	100-115	45,50
Plus hauts cours	132	59,50
Plus bas	100	45
Derniers cours	132	58,50

Derniers cours au 31 décembre. Coupon 1 attaché pour les actions et pour les parts.

Etablissements G. Leroy (Société des).

6 avril, cotation au Parquet au comptant (2e partie de la Cote Officielle), des actions et des parts de fondateurs. — Publications B. A., 8 juin 1908. — Anonyme française constituée le 30 janvier 1907, pour 50 ans. — Scierie et fabrique d'emballages en bois à Livarot (Calvados). — Siège social : à Livarot (Calvados). — Année sociale : 1er janvier, 31 décembre. — Capital social : 1.100.000 francs en 11.000 actions de 100 francs, dont 4.000 d'apport à M. G. Leroy, en outre d'une somme espèces de 450.000 francs et des 6.000 parts de fondateurs. — Répartition : 5 % réserve légale, 5 % aux actions et, prélèvements pour fonds d'amortissement ; sur le sur

Franco-Néerlandaise de Culture et de Commerce (Société).

13 décembre, cotation en Banque au comptant, des actions entières et des 25e d'actions, série B. — Publications B. A., 16 mars 1908 et 15 novembre 1909. — Société hollandaise constituée le 5 mars 1908, pour 75 ans. — Culture et commerce dans les Indes Néerlandaises et pays adjacents. — Siège social : à La Haye ; avec bureau principal à Paris, 113, rue Réaumur. — Année sociale : 1er janvier, 31 décembre. — Assemblée générale : en octobre. — Capital social : 6 millions de florins hollandais (12.600.000 francs) en 1.200 actions de 5.000 florins (10.500 francs), divisées en deux séries : série A, 105 actions d'apport à la Java Sumatra Handels et Cie ; série B, 1.095 actions, dont 300 divisées en vingt-cinquièmes (420 francs). Il existe en outre 60.000 parts de fondateur créées pour rémunérer divers concours. — Répartition : 5 % réserve ; 6 % au capital versé ; sur le surplus, 4 % facultatif au personnel et 10 % au Conseil ; sur le solde, 60 % aux actions et 40 % aux parts. — Administrateurs : MM. L. Cordonnier, R. du Boulay, J. Saint-Girons, M. Tilloy, J. d'Arlincourt, E. Motte, E. Paix, J. Bernard, Van Kooten. — Service financier à Paris au bureau principal.

Coupon 1 attaché pour le 25e d'action.
Premiers cours inscrits : 625-630.
Plus haut cours : 715. — Plus bas : 625.
Dernier cours : 715, le 31 décembre.

Franco-Suisse de Chemins de fer et de Travaux Publics (Société).

17 décembre, cotation en Banque au comptant, des 16.000 obligations série A. (Chemin de fer Asti-Chivasso). — Publications B. A., 14 juin, 27 septembre et 4 octobre 1909. — Intérêt annuel : 20 fr., nets d'impôts actuels français et italiens, payables par moitié, les 1er janvier et 1er juillet. — Amortissement au pair par tirages au sort semestriels du 1er janvier 1914 au 1er juillet 1963, sous réserve de remboursement anticipé dix ans au plus tôt après l'ouverture de la ligne d'Asti-Chivasso à l'exploitation. — Anonyme française constituée le 17 avril 1909, pour 75 ans. — Siège social : 22, place Vendôme, Paris. — Année sociale : 1er janvier, 31 décembre. — Assemblée : avant fin juin. — Le capital actions est de 5 millions de francs, en 50.000 actions de 100 francs, libérées du quart. — Administrateurs : MM. H. Brunner, L. Richardez, J. H. Coleman, L. Cattori, J. Sutter, F. Lambeau. — Service financier à Paris à la Banque Franco-Américaine, 22, place Vendôme.

Premier cours inscrit : 489.
Plus haut cours : 490. — Plus bas : 489.
Dernier cours : 490, le 31 décembre.

Fusion des Gaz.

23 juillet, cotation au Parquet au comptant (2e partie du Bulletin de la Cote), de 1.400 obligations de 500 francs 4 1/2 %. — Intérêt annuel : 22 fr. 50, payables par moitié, les 1er janvier et 1er juillet. — Remboursables au pair par tirages au sort annuels jusqu'au 1er juillet 1928 au plus tard. — Anonyme française constituée le 24 avril 1882, pour 50 ans. — Diverses exploitations d'usines à gaz. — Siège social : 7, cité Paradis, Paris. — Année sociale : 1er janvier, 31 décembre. — Assemblée : en mars ou avril. — Le capital actions est de 4 millions de francs, en 8.000 actions de 500 fr. — Le dividende est de 15 francs depuis 1887. — Administrateurs : MM. A. Pinet, G. Prisse, Caze de Caumont, E. Hamel, Linol, Maurice Periac, Robert Degasches, G. Germain, Lucien Arnal. — Service financier à la Banque de l'Union Parisienne, 7, rue Chauchat.

Galenas Argentiferas de Huelva.

19 janvier, cotation en Banque au comptant, des actions de préférence. — Publications B. A., 24 février, 18 mai et 16 novembre 1908. — Société anonyme espagnole à responsabilité limitée, constituée le 27 décembre 1907, pour 50 ans. — Exploitation des mines de fer argentifère du Rio Corumber. — Siège social : à Saint-Sebastien (Espagne) ; agence commerciale à Paris, 22, rue de Châteaudun. — Année sociale : 1er janvier, 31 décembre. — Assemblée : avant fin mars. — Capital social : 3.000.000 de pesetas, en 116.000 actions de préférence de 25 pesetas or et 100.000 actions ordinaires de 1 peseta or, dont aux apports 80.000 actions de préférence et les 100.000 actions ordinaires, en outre d'une somme espèces de 250.000 pesetas. La Société a en outre pris en charge 500 obligations de 20 livres grevant la propriété. — Répartition : prélèvement pour réserves et amortissements ; sur le surplus, 10 % au Conseil et 5 % aux actions de préférence ; sur le solde, 50 % aux actions de préférence et 50 % aux actions ordinaires. — Administrateurs : MM. E. Jubert, H. Remanjon, G. Rupalley, J. Montesinos y Donday, C. Garcia Rendueles, M. de Montes Moreno, J. Manzano, M. Rodriguez Dupuy. — Service financier à Paris, au bureau administratif.

Coupon 1 attaché.
Premier cours inscrit : 40.
Plus haut cours : 44,75. — Plus bas : 29.
Dernier cours : 41,75, le 6 novembre.

Gaz de Beyrouth (Société Ottomane du).

14 janvier, cotation au Parquet au comptant (2e partie de la Cote Officielle), de 4.400 actions et de 5.500 obligations de 500 francs 5 %. — Publications B. A., 13 juillet et 28 septembre 1908. — Anonyme ottomane constituée le 20 avril 1887, pour 99 ans. — Gaz et électricité à Beyrouth (Syrie). — Siège social : à Beyrouth ; siège administratif : à Paris, 5, avenue de l'Opéra. — Année sociale : 1er janvier, 31 décembre. — Le dividende se paie le 1er mai. — Assemblée : en mars ou avril. — Capital social : à l'origine, 800.000 francs ; porté en 1908 à 2.200.000 francs en 4.400 actions de 500 francs. — Répartition : 5 % réserve statutaire, somme pour amor-

tissement ; sur le solde, 6 % au Conseil et le reste aux actionnaires. Trois derniers dividendes : 15, 25 et 25 francs.

Les 5.500 obligations de 500 francs 5 % ont été émises à 425 francs, libérées et au porteur. — Intérêt annuel : 25 francs nets d'impôts, payables les 1er janvier et 1er juillet. — Remboursables de 1909 à 1954 par tirages au sort annuels.

Administrateurs : MM. Max Peter, Ch. Blanc, A. Gautheron, Nasralla Misk, Elias Sabbag, G. Sursochk. — Service financier à la Banque Ottomane, au Crédit Lyonnais et à la Société Marseillaise.

	Actions	Obligations
Premiers cours..............	550	485
Plus hauts cours............	565	489
Plus bas...................	490	452
Derniers cours.............	490	486,50

Dernier cours pour les actions le 20 septembre ; pour les obligations le 31 décembre.

Gaz Comprimés (Compagnie des).

5 juillet, cotation des actions, en Banque au comptant. — Publications B. A., 22 juin 1908 et 17 mai 1909. — Anonyme française constituée le 9 février 1904, pour 50 ans. — Vente de l'oxygène et des gaz comprimés. — Siège social : 48, rue Saint-Lazare, à Paris. — Année sociale : 1er janvier, 31 décembre. — Assemblée : avant fin juin. — Capital social : à l'origine, 100.000 francs ; porté en 1905 à 350.000 francs ; en 1907 à 750.000 francs et à 1 million ; en 1908 à 1.300.000 francs et en 1909 à 2.500.000 francs, en 25.000 actions de 100 francs. — Répartition : 5 % réserve légale, 5 % aux actions, 10 % au Conseil ; le solde aux actions. — Administrateurs : MM. Gallien, J. Babin, F. Brock, P. Delorme. — Service financier au siège social.

Dernier dividende inscrit : 6 %.
Premiers cours inscrits : 129-132.
Plus haut cours : 155. — Plus bas : 113.
Dernier cours : 155, le 31 décembre.

Gaz et Electricité de Lisbonne (Comp. réunies).

11 mars, cotation des actions en Banque à terme. (Depuis 1896 sont cotées en Banque au comptant les obligations de 500 francs 4 %.) — Publications B. A., 17 mai 1909. — Anonyme portugaise constituée le 12 juin 1891. — Siège social : à Lisbonne, 17, rue da Boa-Vista. — Année sociale : 1er juillet, 30 juin. — Assemblée : en novembre. — Capital social : 5.580.000 milreis ou 32 millions de francs, en 124.000 actions de 250 francs. — Les trois derniers dividendes ont été de 7 %.

Le 13 décembre, les actions ont été admises au Parquet au comptant et à terme, et 52.000 obligations de 500 francs 4 % au Parquet au comptant. — Ces obligations donnent un intérêt annuel de 20 francs nets d'impôts, payables par moitié, les 1er mai et 1er novembre. — Remboursables au pair, de 1897 à 1981, par tirages au sort annuels en mars,

sous réserve de remboursement anticipé à toute époque.

	Actions	Obligations
Premiers cours.............	290-286	431
Plus hauts cours............	332	440
Plus bas...................	277	430
Derniers cours.............	324	440

Ces derniers cours le 31 décembre.

Gaz Général de Paris (en liquidation).

26 février, cotation au Parquet au comptant, de 4.500 obligations de 300 francs 4 1/2 % et le 15 mai cotation au Parquet au comptant de 2.500 obligations de même type. — Ces 7.000 obligations sont destinées à la conversion facultative des obligations 5 %. — Intérêt annuel : 13 fr. 50, payables par moitié, les 1er janvier et 1er juillet. — Remboursables au pair par tirages au sort, de 1909 à 1936, sous réserve de remboursement anticipé à partir de 1919. — Le nombre des obligations 5 % en circulation a été ramené à 973.

La Société de Gaz Général de Paris (commandite par actions) avait été constituée le 19 décembre 1855, au capital social de 6 millions en 12.000 actions de 500 francs. — En 1905, la Société a résilié ses concessions moyennant notamment une redevance totale annuelle de 335.000 francs.

Premier cours inscrit : 300.
Plus haut cours : 311. — Plus bas : 298.
Dernier cours : 307,50, le 31 décembre.

General Motor Cab Cy. Ltd.

L'Assemblée générale extraordinaire du 12 janvier 1909 a décidé que 817.413 actions de £ 1, capital nominal seraient échangées à raison de 4 actions de £ 1 contre une action nouvelle de £ 4.

Société anglaise à responsabilité limitée, enregistrée le 14 mai 1906. — Fiacres automobiles à Londres. — Siège social : 32, Old Jewry, Londres E. C. — Service financier à Paris, à la Compagnie Française de Mines d'Or et de l'Afrique du Sud.

Gold Mines Investment Cy, Limited (The).

8 mai, cotation des actions, en Banque à terme. Publications B. A., 5 et 12 avril 1909. — Société anglaise à responsabilité limitée, enregistrée le 19 janvier 1905, pour une durée indéterminée. — Placements et affaires financières en général. — Siège social : 8, Old Jewry, Londres E. C. ; bureaux à Paris, 12, rue des Pyramides. — Capital social : à l'origine, £ 2.000.000 en 500.000 actions de £ 4 ; depuis 1908 réduit à £ 1.500.000 en 750.000 actions de £ 2, dont 250.000 étaient émises au 31 mars 1909. — Répartition : premier dividende de 5 % et somme à prélever pour réserves ; le Conseil a droit à 8 % du surplus des bénéfices. — Administrateurs : MM. J. Prinsep, H. L. Sapte, H. W. H. Dunsmure, L.

Hoskyns, E. Freven, J. R. Maguirre. — Service financier à Paris, à la Consolidated Goldfields, 12, rue des Pyramides.

Dernier dividende inscrit : 2,515.
Premiers cours inscrits : 60-60,25.
Plus haut cours : 81,75. — Plus bas : 56,50.
Dernier cours : 68, le 31 décembre.

Great Cobar, Limited.

8 février, cotation des actions, en Banque à terme. — Publications B. A., 6 avril 1908. — Société anglaise enregistrée le 22 mai 1906, pour une durée illimitée. — Mines de cuivre, d'or et d'argent dans la Nouvelle Galles du Sud. — Siège social : 65, New Broad Street, Londres, E. C. — Année sociale : 1er janvier, 31 décembre. — Capital social : £ 750.000, en 150.000 actions de £ 5, toutes émises, dont £ 55.000 d'apport en outre de £ 800.000 en espèces et £ 151.000 en espèces, actions ou obligations de la Société. — Répartition : prélèvements pour réserves et 15 % aux actionnaires ; sur le surplus, le Conseil a droit à 1 % (en plus d'une rémunération annuelle de £ 5.000). — Administrateurs : MM. A. Haes, G. E. Baker, G. B. Elkington, R. H. Henning, T. S. Horn, J. D. Kendall, W. Rich, T. M. Joseph-Watkin. — Service financier au siège social.

Premiers cours : 107,50-108-110.
Plus haut cours : 180. — Plus bas : 95.
Dernier cours : 162, le 31 décembre.

Haut-Congo (Compagnie Française du).

11 mai, cotation des actions et des parts bénéficiaires, en Banque au comptant. — Anonyme française constituée le 29 mai 1899, pour 30 ans. — Exploitation au Congo du bassin de la Likouala Mossaka et de la lagune de la Likouba. — Siège social : 52, boulevard Haussmann, Paris. — Année sociale : 1er janvier, 31 décembre. — Assemblée : avant fin septembre. — Capital social : 2.500.000 francs en 5.000 actions de 500 francs. Il existe en outre 10.000 parts bénéficiaires, sans désignation de valeur nominale. — Répartition : après prélèvements des dépenses, de la redevance fixe annuelle à la Colonie, des réserves et de 5 % aux actions, il est attribué 15 % à la Colonie, 10 % au Conseil, et le solde est partagé à raison de 50 % aux actions et de 50 % aux parts. — Administrateurs : MM. J. Rémond, Gerson Fribourg, G. Brack, F. Tréchot, H. Tréchot, E. Alcan, E. Ponche. — Service financier au siège social.

	Actions	Parts
Premiers cours...............	455-460	—
Derniers cours...............	499	60
Derniers dividendes..........	25	4,50

Héliopolis Palace Hôtel du Caire.

25 novembre, cotation en Banque au comptant, des actions de capital et de 6.000 obligations de 500 francs 5 %. — Publications B. A., 16 août et 15 novembre 1909. — Société belge constituée le 9 janvier 1909, pour 30 ans. — Exploitation de l'hôtel ainsi nommé. — Siège social : 7, rue des Cultes, à Bruxelles. — Année sociale : 1er janvier, 31 décembre. — Assemblée : le 4e mardi du mois d'avril. — Capital social : 4 millions de francs en 16.000 actions de capital de 250 francs dont 15.978 d'apport. Il existe en outre 17.000 actions dites de dividende sans valeur nominale, dont 16.978 d'apport attribuées à la « Société des Travaux Publics du Caire ». — Répartition : 5 % réserve, 5 % aux actions de capital ; sur le surplus, 1 % pour chaque administrateur, 1 % pour chaque administrateur délégué s'il en existe et 1/3 % pour chaque commissaire ; et 4 % le solde, moitié aux actions de capital et moitié aux actions de dividende.

Les 6.000 obligations de 500 francs 5 % ont droit à un intérêt annuel de 25 francs, payables par moitié, les 1er février et 1er août et sont remboursables en 50 ans, soit par tirages au sort, soit par rachats, avec faculté de remboursement à 525 francs à partir de 1912. — Service financier à Paris, à la Société Auxiliaire de Crédit (ancienne Banque A. Victor et Cie), 13, boulevard Haussmann.

Coupon 1 attaché.
Premiers cours (actions) : 275-277.
Plus haut cours : 282. — Plus bas : 275.
Dernier cours : 282, le 31 décembre.

Hongroise de Cuivres (Société).

30 août, cotation en Banque au comptant, de 5.000 obligations au porteur de 400 couronnes (420 francs) 5 %. — Publications B. A., 16 septembre 1907, 22 mars, 14 juin, 5 juillet et 16 août 1909. — Emises à 370 francs, libérées et au porteur. — Intérêt annuel : 20 couronnes ou 21 francs, payables par moitié, les 1er juin et 1er décembre. — Remboursables au pair en 50 ans, par tirages au sort à partir de juillet 1911.

Société anonyme hongroise constituée le 25 août 1907, sous la première désignation de « Société Anonyme des Cuivres de Transylvanie », pour 90 ans. — Siège social : 17, Nador Utcza, Budapest ; avec siège administratif à Paris, 13, rue du Conservatoire. — Mines de cuivre (13.000 hectares), usines et chemins de fer en Hongrie. — Année sociale : 1er janvier, 31 décembre. — Assemblée : avant fin juin. — Le capital actions est de 5 millions de couronnes (5.250.000 francs), en 50.000 actions de 100 couronnes. — Administrateurs : MM. Désiré Korda, comte de Cholet, Robert Strasser, Pierre Steenlet, Edouard Tournier. — Service financier à Paris, à la Banque I. R. P. des Pays Autrichiens et à la Société Générale.

Premier cours : 370.
Plus haut cours : 380. — Plus bas : 370.
Dernier cours : 372, le 31 décembre.

Immobilière, Commerciale et Civile (Société).

11 juin, cotation en Banque au comptant, des actions et des obligations hypothécaires de 500 francs 4 1/2 %. — Publications B. A., 29 avril 1907, 25 jan-

vier, 31 mai et 7 juin 1909. — Anonyme française constituée le 2 juin 1908 en transformation de la Société en commandite par actions « Banque Commerciale et Civile, Vraye, Brossier et Cie », créée le 23 octobre 1905, pour 99 ans. — Siège social : 92, rue de Richelieu, Paris. — Année sociale : 1er octobre, 30 septembre. — Assemblée : avant fin mars. — Capital social : à l'origine, 508.500 francs en 1.017 actions de 500 francs dont 617 d'apport à la Société Vraye et Brossier en outre des 300 parts de fondateurs ; en 1908, les actions ont été divisées en actions de 100 francs ; en 1908 également, le capital a été porté à 800.000 francs en 8.000 actions de 100 francs. — Administrateurs : MM. P. Vraye, R. Brossier, H. Belhomme, A. Paques, L. Maupot.

Les obligations de 500 francs 4 1/2 % ont droit à un intérêt annuel de 22 fr. 50, payables par moitié, les 1er février et 1er août ; elles sont remboursables au pair en 75 années, par voie de tirages au sort ou de rachats en Bourse, avec droit pour la Société de remboursement anticipé.

Service financier au siège social.

	Actions	Obligations
Premiers cours	110	454
Plus hauts cours	118,50	459
Plus bas	110	448
Derniers cours	118	456

Ces derniers cours le 31 décembre.

Immobilière de France (L').

30 mars, cotation en Banque au comptant, de 12.000 obligations de 100 francs 4 1/2 %. — Publications B. A., 16 novembre 1908 et 29 mars 1909. — L'intérêt annuel de 4 1/2 % est payable par moitié, en janvier et juillet.

Anonyme française constituée en octobre 1908, pour 75 ans. — Immeubles en France. — Siège social : 16, rue Grange-Batelière, Paris. — Année sociale : 1er janvier, 31 décembre. — Assemblée : avant fin juin. — Le capital actions est de 100.000 fr. en 1.000 actions de 100 francs, dont 800 d'apport à M. Lardet. — Administrateurs : MM. A. Lalmand, P. Lardet, G. Dugourd.

Premiers cours : 100,50-102.
Dernier cours : 102.

Industrial Arsenic Company (Limited, The).

13 février, cotation des actions ordinaires, en Banque au comptant. — Publications B. A., 9 mars 1908. — Société anglaise incorporée le 6 mars 1908, pour une durée illimitée. — Tous produits arsénieux à l'usine du Pont-Rouge (Aude) et mine de la Brunellerie (Aveyron). — Siège social : Worcester House, Walbrook, Londres E .C. — Capital social : £ 50.000 en 49.000 actions ordinaires de £ 1 et 20.000 actions de fondateurs de 1 shilling. Aux apports : 40.000 actions ordinaires et les 20.000 actions de fondateurs. Au 8 février 1909, 2.127 actions avaient été souscrites et libérées ; restaient à la souche 6.873 actions ordinaires. — Répartition : 5 % réserve légale, 5 % aux actions ; sur le surplus, 15 % au Conseil et 5 % au personnel ; sur le solde, 60 % aux actions ordinaires et 40 % aux actions de fondateurs. — Administrateurs : MM. Tétard, A. F. Argles, A. J. Jung. — Service financier à La Revue Minière, 33, rue de Mogador, Paris.

Coupon 1 attaché.
Premiers cours inscrits : 40-41.
Plus haut cours : 42. — Plus bas : 39.
Dernier cours : 39, le 25 mars.

Industrie Houillère de la Russie Méridionale (Société d').

21 janvier, cotation au Parquet au comptant, des 12.500 actions privilégiées. — Les actions ordinaires nouvelles sont cotées au Parquet au comptant depuis le 16 novembre 1908 et les obligations depuis les 19 août 1897 et 31 août 1901. — Société anonyme russe constituée le 9 avril 1872, pour une durée illimitée. — Houillères dans le Donetz. — Siège social : à Gorlovka (gouvernement d'Ekaterinoslaw) ; avec bureaux à Paris, 12, rue Halévy. — Année sociale : 1er juillet, 30 juin. — Assemblée : en octobre. — Capital social : à l'origine, 1.700.000 roubles métalliques, en 6.800 actons de 250 roubles m., échangées en 1894 contre 13.600 actions de 125 roubles m. ou 500 francs ; porté en 1897 à 3.125.000 roubles ou 12.500.000 francs, en actions de 125 roubles ; réduit en 1902 par la réduction de la valeur nominale à 100 roubles ou 266 fr. 67 ; réduit en avril 1907 par la réduction de la valeur nominale à 50 roubles (133 fr. 33) et porté à son chiffre actuel de 2.500.000 roubles en 25.000 actions ordinaires de 50 roubles et 12.500 actions privilégiées de 100 roubles. Il a été émis 26.400 obligations de 500 francs 4 %. — Répartition : 3.750 roubles pour l'entretien de l'Ecole minière Poliakoff et 15 % pour amortissement de constructions ; sur le surplus, 10 % réserve jusqu'à concurrence de 500.000 roubles et 6 % aux actions privilégiées ; sur le surplus, 7 % au Conseil et 3 % aux employés ; le solde à la disposition de l'Assemblée générale. — De 1900 à 1906 aucun dividende ; pour 1907-1908, 3 roubles aux actions ordinaires et 12 roubles aux actions privilégiées ; pour 1908-1909, 12 roubles aux actions privilégiées et 3 roubles aux actions ordinaires. — Administrateurs : MM. A. Vlasto, Doudinhon, Duché, Fontaine, Zarifi, de Mczikowsky. — Service financier à Paris, au Comptoir National d'Escompte.

Dernier dividende inscrit : 12 roubles.
Premiers cours : 455-457.
Plus haut cours : 583. — Plus bas : 455.
Dernier cours : 508, le 31 décembre.

Industrielle de Produits Chimiques (Société).

14 juin, cotation des actions, en Banque au comptant. — Publications B. A., 17 mai 1909. — Produits chimiques en France et à l'étranger. — Anonyme française constituée le 28 mars 1896, pour 50 ans. — Siège social : 10, rue de Vienne, Paris. — Année sociale : 1er janvier, 31 décembre. — Assemblée : avant fin juin. — Capital social : à l'origine, 2 millions de francs en 2.000 actions de 1.000 francs ; porté en 1897 à 2.500.000 francs en 2.500 actions de

1.000 francs. Il existe 40 parts de fondateurs, sans valeur nominale, attribuées à M. de Bondeli, ayant droit à la souscription au pair de 40 % de toute augmentation du capital pendant 20 ans, à partir de la constitution de la Société. — Répartition : 5 % réserve légale et prélèvement facultatif pour fonds d'amortissement ; sur le surplus, 15 % au Conseil et 85 % à la disposition des actionnaires. — Administrateurs : MM. H. de Glenck, J. Stroof, E. de Bondeli, J. C. Ertel, Ch. Kœchlin, Hy. Oswald, Th. Plieninger, Ch. Schlumberger-Vischer. — Service financier à Paris au siège social et au Crédit Lyonnais ; à Bâle, chez MM. Eshinger et Cie et à la Banque Commerciale de Bâle.

Dernier dividende inscrit : 80 francs.
Premier cours inscrit : 1300.
Plus haut cours : 1440. — Plus bas : 1300.
Dernier cours : 1440, le 6 juillet.

Institut de l'Ozone (L').

8 juillet, cotation des actions privilégiées, en Banque au comptant. — Publications B. A., 7 juin 1909. — Anonyme française constituée le 28 avril 1909, pour 50 ans. — Applications de l'ozone à la thérapeutique et à l'hygiène. — Siège social : 12, rue de Monceau, Paris. — Année sociale : 1er janvier, 31 décembre. — Assemblée : avant fin juin. — Capital social : 600.000 francs en 6.000 actions de 100 francs dont 2.000 privilégiées et 4.000 ordinaires, celles-ci d'apport attribuées en outre de 4.000 parts de fondateurs et une somme espèces de 28.000 francs à MM. Gourgues de Lavergne, Patin, Villedary et la Société Sanitas-Ozone. Il a été attribué aussi 2.000 parts de fondateurs aux souscripteurs à raison d'une part par action privilégiée. — Répartition : 5 % réserve légale, 6 % aux actions de priorité ; sur le surplus, sauf prélèvements pour réserves, 15 % au Conseil et 10 % au Directeur de l'Institut ; sur le solde, 40 % aux parts et 60 % à toutes les actions. — Administrateurs : MM. de Vaux-Haussmann, E. Plainguier, M. Villedary. — Service financier au siège social.

Coupon 1 attaché.
Premiers cours : 200-209.
Plus haut cours : 242. — Plus bas : 200.
Dernier cours : 236, le 11 août.

Kassandra (Soc. Anon. Ottomane des Mines de).

22 juillet, cotation en Banque au comptant, de 4.000 obligations de 500 francs 5 %. (Les actions privilégiées et ordinaires sont cotées en Banque au comptant depuis le 28 février 1899.) — Publications B. A., 24 et 28 juin 1909. — Intérêt annuel : 25 francs, payables par moitié, les 2 janvier et 1er juillet. — Remboursement au pair dans 20 ans, par tirages au sort annuels le 1er juillet à partir de 1910, sauf droit de remboursement anticipé à partir de 1919.

Société anonyme ottomane constituée le 2/14 octobre 1893, pour 98 ans. — Mines métalliques dans le villayet de Salonique. — Siège social : à Galata (Asie Mineure). — Année sociale : 1er janvier, 31 décembre. — Le capital actions, qui était à l'origine

de 3 millions de francs, a été porté en 1898 à 4 millions de francs et en 1906 à 4.500.000 francs en 25.000 actions privilégiées et 20.000 actions ordinaires, toutes de 100 francs. — Administrateurs : MM. Serpieri, Is. Fernandez, Th. Mavrocordato, Ed. Allatini, J. de Catelin, E. Salem, A. Gazay, Ch. Testa, T. Rouzaud, L. Sellié. — Service financier des obligations à Paris, au Comptoir d'Escompte.

Premiers cours inscrits : 475-480.
Plus haut cours : 495,50. — Plus bas : 475.
Dernier cours : 485, le 31 décembre.

Krivoï-Rog (Minerais de fer de).

5 avril, cotation au Parquet au comptant, de 3.000 obligations de 500 francs 5 %. — Publications B. A., 7 décembre 1908. — Emises à 490 francs, libérées et au porteur. — Intérêt annuel : 25 francs, payables par moitié, les 1er janvier et 1er juillet. — Remboursables dans le délai de 20 ans, à partir de 1915, avec faculté de remboursement anticipé, soit par tirages au sort, soit par rachats au-dessous du pair.

Anonyme française constituée le 29 janvier 1881, pour 80 ans. — Mines de fer en Russie. — Siège social : 55, rue de Châteaudun, à Paris. — Année sociale : 1er août, 31 juillet. — Assemblée : en novembre. — Le capital actions a été porté successivement de 5 à 7 et 9 millions, chiffre actuel, en 18.000 actions de 500 francs. — Le dividende a été de 25 francs pour 1906, 25 francs pour 1907 et néant pour 1908. — Administrateurs : MM. Beigbeder, Salomon, Ed. Gruner, Comte Wladimir Bobrinski, Bouruet Aubertot, Cambefort, de Chabaud-La Tour, Kobb, de Mongolfier, Léon de Nervo, Provot. — Service financier au siège social.

Premier cours : 505.
Dernier cours : 528.

Larrath (Algérie, Cie des Mines de fer de).

6 mai, cotation des actions, en Banque au comptant. — Publications B. A., 29 mars et 5 avril 1909. — Anonyme française constituée le 9 juillet 1908, pour 40 ans. — Mines de fer dans le département d'Alger. — Siège social : 23, rue Joubert, Paris. — Année sociale : 1er janvier, 31 décembre. — Assemblée : avant fin avril. — Capital social : 1.900.000 francs en 19.000 actions de 100 francs dont 6.000 d'apport attribuées à M. Pierre Maître, en outre d'une somme espèces de 400.000 francs. — Répartition : 5 % réserve légale, 5 % aux actions ; sur le surplus, 10 % au Conseil ; le solde aux actionnaires, sauf prélèvements pour réserves ou amortissements. — Administrateurs : MM. P. Maître, L. Thiery, A. Palle, J. Léon, L. Teisserenc de Bort, L. Morisson. — Service financier au siège social.

Coupon 1 attaché.
Premiers cours inscrits : 150-155.
Plus haut cours : 634. — Plus bas : 150.
Dernier cours : 634, le 31 décembre.

Lena Goldfields, Limited (The).

14 octobre, cotation des actions, en Banque à terme. — Publications B. A., 11 octobre 1909. — Société anglaise à responsabilité limitée constituée en juillet 1908. — Acquisition du capital actions de la Société russe Lenskoïe, gisements aurifères en Sibérie. — Siège social : 5, Moorgate Street, Londres E. C. — Capital social : £ 1.405.000 en actions de £ 1, dont 1.068.219 ont été émises. 390.000 £ sont pour fournir à la Société le capital de roulement en espèces ; le reste a été employé à l'acquisition de 75 % environ du capital émis par la Lenkoïe. —. Administrateurs : MM. Valentine de Goloubew, Lord Harris, F. A. Baker, H. D. Boyle, R. J. Frecheville, M. Kempner. Les administrateurs reçoivent une rémunération annuelle de £ 2.600. — Service financier à la Consolidated Goldfields of South Africa, Limited.

Dernier coupon détaché : 2,375.
Premiers cours inscrits : 41,50-42,50-42.
Plus haut cours : 47,75. — Plus bas : 41.
Dernier cours : 47,75, le 31 décembre.

Limozin (Société).

10 mai, cotation des 2.400 actions nouvelles, en Banque au comptant. — Publications B. A., 5 avril 1909. — Anonyme française constituée le 15 mars 1909, jusqu'au 24 avril 1993, en transformation de la Société en commandite par actions J. Limozin et Cie, créée en 1903. — Siège social : 16, rue des Petits-Hôtels, Paris. — Année sociale : 1er janvier, 31 décembre. — Assemblée : avant fin juin. — Capital social : à l'origine, 2.000.000 de francs en 2.000 actions priorité et 2.000 actions ordinaires de 500 fr. ; en 1909, réduit à 1.000.000 de francs par annulation des actions ordinaires ; les actions de priorité dont les droits de préférence ont été supprimés ont été fractionnées en 2 actions de 250 francs ; enfin le capital a été porté à 1.600.000 francs en 6.400 actions de 250 francs. Il existe 2.000 parts bénéficiaires attribuées à raison de 1 part pour 1 action aux porteurs des anciennes actions ordinaires annulées. — Répartition : 5 % réserve légale, 5 % aux actions, 10 % au Conseil ; sur le surplus, 50 % aux actions (sauf prélèvements pour réserves) et 50 % aux parts. — Administrateurs : MM. Allard, Lamaille, M. P. Lemesle, B. J. Limozin, P. Weiss, A. de Mare, Maugée. — Service financier au siège social.

Premier cours inscrit : 260.
Plus haut cours : 265. — Plus bas : 100.
Dernier cours : 105, le 15 novembre.

Live Fish Transport Cy, Limited (The).

24 mai, cotation des actions privilégiées, en Banque au comptant. — Publications B. A., 5 avril et 3 mai 1909. — Société anglaise enregistrée le 30 mars 1909, pour une durée illimitée. — Préservation et transport de poissons vivants. — Siège social : 5, Copthall Building, Copthall Avenue, Londres E. C. — Capital social : £ 250.000 en 125.000 actions privilégiées de £ 1 et 125.000 actions ordinaires de £ 1, toutes ces dernières attribuées en apport à MM. F. Kleinschmidt et L. Meyer. Au 5 mai 1909, 1.522 actions privilégiées étaient souscrites et entièrement libérées et 44.000 actions privilégiées étaient souscrites et libérées de 3 shillings. La Société n'émet que des coupures de 5 actions. — Répartition : dividende privilégié et cumulatif de 5 % aux actions privilégiées ; sur le surplus, 5 % aux actions ordinaires ; le solde est partagé par moitié entre les actions privilégiées et les actions ordinaires. Le Conseil a droit à 5 % des bénéfices annuels .— Administrateurs : MM. A. Antoinat, L. Meyer, F. Kleinschmidt, L. Gautier, V. Léonet. — Service financier, à Paris, à la Banque Armstrong and Co, 19, rue Scribe.

Coupon 1 attaché.
Premier cours inscrit : 50.
Plus haut cours : 52,50. — Plus bas : 50.
Dernier cours : 52,50, le 23 juin.

Lumière et Traction (Compagnie Générale de).

4 mars, cotation en Banque au comptant, des 1.280 obligations 1908 de 300 francs 5 %. (Il existe en outre 500 obligations de 300 francs 5 %, créées en 1901, non cotées.) — Publications B. A., 26 octobre 1908. — Intérêt annuel : 15 francs, payables par moitié, les 1er mai et 1er novembre. — Amortissements au pair en 26 annuités à partir de 1909, par tirages au sort annuels en octobre. — Garanties : 26 annuités de 26.718 fr. 50 servies par la Compagnie d'Electricité de l'Ouest-Parisien, par suite de l'amodiation à cette Compagnie de la concession de Nanterre.

Anonyme française constituée le 26 décembre 1900, pour 50 ans. — Affaires d'électricité, d'eaux et de gaz. — Siège social : 48, rue Taitbout, Paris. — Année sociale : 1er janvier, 31 décembre. — Le capital actions est de 500.000 francs, en 5.000 actions de 100 francs. — Administrateurs : MM. E. Lattès, A. Beauvois-Devaux, C. P. Ledoray, C. Hervé, R. Guérin de Litteau, J. Langlade, R. Sée. — Service financier des obligations à la Banque Transatlantique, 10, rue de Mogador, Paris.

Premiers cours : 303-305.
Plus haut cours : 310. — Plus bas : 300.
Dernier cours : 304, le 31 décembre.

Luna Park (Société Française).

15 octobre, cotation des actions, en Banque au comptant. — Publications B. A., 6 septembre 1909. — Anonyme française constituée le 9 septembre 1909, pour 50 ans. — Exploitation de l'établissement d'attractions de Luna-Park à la Porte Maillot. — Siège social : à Luna Park, rond-point de la porte Maillot, Neuilly (Seine). — Année sociale : 1er janvier, 31 décembre. — Assemblée : avant fin juin. — Capital social : 1.500.000 francs en 15.000 actions de 100 francs, dont 3.500 d'apport à la Société anglaise « Luna Park, Paris, Limited », en outre de 800.000 francs espèces et des 56.000 parts bénéficiaires. Il existe aussi 1.500 bons de préférence, cessibles, au profit des attributaires et souscripteurs d'actions, donnant droit aux porteurs de souscrire par pré-

férence, au prix d'émission, à l'autre moitié des actions de numéraire nouvelles. — Répartition : 5 % réserve légale, 6 % cumulatif aux actions non amorties ; sur le surplus, 5 % au Conseil ; le solde sera employé au remboursement du capital jusqu'à complet amortissement ; et après amortissement sera réparti comme suit : prélèvement pour réserve légale, 5 % au Conseil et sur le reliquat, 30 % aux actions et 70 % aux parts bénéficiaires. — Administrateurs : MM. J. Henry Iles, G. Akoun, A. Nahmias, E. Gugenheim. — Service financier à Paris à la Banque Commerciale et Industrielle, 25, rue de Clichy.

Coupon 1 attaché.
Premier cours inscrit : 230.
Plus haut cours : 249. — Plus bas : 175.
Dernier cours : 189, le 31 décembre.

Méria (Société des Mines de).

29 juin, cotation des actions, en Banque au comptant. — Publications B. A., 1er juin et 27 juillet 1908. — Anonyme française constituée le 20 juin 1908, pour 30 ans. — Mines d'antimoine dans l'arrondissement de Bastia (Corse). — Siège social : 36, rue Tronchet, Paris. — Année sociale : 1er juillet, 30 juin. — Assemblée : avant fin décembre. — Capital social : 3 millions de francs en 30.000 actions de 100 francs, dont 10.000 d'apport à M. Moulun, en outre d'une somme espèces de 1 million de francs. — Répartition : 5 % réserve légale, 6 % aux actions ; sur le surplus, 10 % au Conseil et le solde aux actions, sauf prélèvements pour prévoyance ou réserves. — Administrateurs : MM. Adam, G. Moulun, A. Berthelot, Comte René d'Argent, Paul Santarelli. — Service financier chez MM. Adam et Cie, banquiers à Boulogne-sur-Mer et 36, rue Tronchet.

Coupon 1 attaché.
Premiers cours inscrits : 120-125.
Plus haut cours : 125. — Plus bas : 58.
Dernier cours : 60, le 31 décembre.

Messeix (Houillères de).

26 février, cotation au Parquet au comptant (2e partie de la Cote Officielle), de 15.000 actions de 100 francs. — Le siège social est à Clermont-Ferrand. — Service financier à Paris, au Crédit Industriel et Commercial, rue de la Victoire, 66.

Metropolitan Auto-Cab, Co Limited (The).

6 octobre, cotation en Banque au comptant, des actions de préférence et des actions deferred. — Publications B. A., 7 juin 1909. — Société anglaise incorporée le 16 décembre 1908, pour une durée illimitée. — Tous moyens de transports automobiles. — Siège social : 46, Gresham Street, Londres, E. C. — Capital social : £ 100.000, en 96.500 actions de préférence de £ 1 et 70.000 actions deferred de 1 shilling. — Répartition : dividende cumulatif de 7 % aux actions de préférence ; sur le surplus, 10 % à chaque administrateur ; sur le solde, 10 % à la réserve, 45 % aux actions de préférence et 45 % aux actions deferred. — Administrateurs : MM. Antomari, Caussin de Perceval, Albanesi, Benett Dampier, Hawke. — Service financier à la Banque Lemaire frères et Cie, 119, rue Réaumur, Paris.

	Preferred	Deferred
Premiers cours............	37,50	32,50
Plus hauts cours..........	43	36,25
Plus bas..................	36,25	32,50
Derniers cours............	43	36,25

Ces derniers cours, le 31 et le 23 décembre.
Coupon 1 attaché pour toutes les actions.

Metropolitan Fare Register Cy, Limited (The).

8 septembre, cotation en Banque au comptant, des actions ordinaires. — Publications B. A., 3 mai 1909. — Société anglaise incorporée le 15 décembre 1905, pour une durée indéterminée. — Taximètres. La Société a passé des conventions avec la Société Générale des Compteurs de Voitures (Taximètres) et avec MM. Lazare Weiller et Mascart. — Siège social : 80, Belvedere Road Lambeth, Londres E. C. — Capital social : £ 100.000 en 100.000 actions, dont 80.000 ordinaires de £ 1 et 20.000 de fondateurs attribuées aux apports. En 1909, la valeur nominale des actions a été fixée à £ 4. Le capital actuel de 100.000 livres est conséquemment en 20.000 actions ordinaires de £ 4 et 5.000 actions de fondateurs de £ 4. Au 31 décembre 1908, il avait été émis 10.000 actions de £ 4. — Administrateurs : MM. Lee Mathews, Ch. Dettelbach, F. Espir, H. Lippens, Ch. Marcart, Lazare Weiller, E. A. West. — Service financier à Paris à la Banque Française, Coloniale et Industrielle, 2, rue Meyerbeer.

Coupon 1 attaché.
Premier cours inscrit : 110.
Plus haut cours 110. — Plus bas : 100.
Dernier cours : 100, le 17 décembre.

Mines de fer (Société Française de).

22 juillet, cotation des actions en Banque au comptant. — Publications B. A., 10 mai 1909. — Anonyme française constituée le 17 décembre 1908, pour 50 ans. — Mines de fer en Algérie (département d'Alger) et en Normandie. — Siège social : 9, square Moncey, Paris. — Année sociale : 1er janvier, 31 décembre. — Assemblée : en mai. — Capital social : à l'origine, 2 millions de francs en 4.000 actions de 500 francs, dont 2.000 d'apport à M. de Poorter, en outre des 4.000 parts bénéficiaires créées ; en 1909, les actions ont été partagées en actions de 100 francs et le capital, porté à 5 millions de francs, est en 50.000 actions de 100 francs. — Répartition : 5 % réserve légale, 5 % aux actions ; sur le surplus, 10 % au Conseil ; sur le solde, sauf prélèvement pour amortissements et réserves, 75 % aux actions et 25 % aux parts. — Administrateurs : MM. le comte Léonce de Terves, J. de Poorter, H. Van

der Schrieck, J. Leblond, J. Chappée. — Service financier au siège social.

Coupon 1 attaché.
Premiers cours inscrits : 100-105.
Plus haut cours : 149. — Plus bas : 100.
Dernier cours 125, le 31 décembre.

Mines de Houille et de Fer de la Russie Méridionale (Société Anonyme de).

17 septembre, cotation des actions en Banque au comptant. — Publications B. A., 15 mars 1909. — Anonyme suisse constituée le 6 décembre 1907, pour une durée indéterminée. — Mines et houillères dans les gouvernements d'Ekaterinoslaw et de Cherson (Russie). — Siège social : 1, rue du Commerce, à Genève (Suisse). — Année sociale : 1er juillet, 30 juin. — Assemblée : avant fin décembre. — Capital social : 3.300.000 francs en 33.000 actions de 100 fr. La Société a été autorisée à payer ses concessions, baux, etc., une somme de 2.500.000 francs ; elle supporte, en outre, le passif des concessions et exploitations reprises par elle. — Répartition : 10 % au moins à la réserve ; sur le surplus, 5 % au Conseil et 95 % aux actionnaires. — Administrateurs : MM. M. Karpass, H. Bonnet, P. Peltier, L. Garkavy, G. Karpass. — Service financier : à Paris à la Banque Alsacienne de Paris, 366, rue Saint-Honoré et à la Banque Internationale de Commerce à Saint-Petersbourg.

Dernier dividende : 8,50.
Premier cours inscrit : 125.
Plus haut cours : 139,50. — Plus bas : 119.
Dernier cours : 125, le 30 décembre.

Mines d'Or et de l'Afrique du Sud (Cie Fse de).

A partir du 8 avril, les actions n'ont plus été cotées au Parquet au comptant et à terme, qu'au nombre de 175.000 (actions de 100 francs) constituant le capital actuel de 17.500.000 francs à la suite de l'Assemblée du 23 mars 1908 qui a décidé le rachat de 85.000 autres actions au prix moyen de 71 fr. 10.
Société anonyme française constituée le 8 février 1895, pour 50 ans. — Siège social : 20, rue Taitbout, Paris ; avec agences à Londres et à Johannesburg. — Les titres de la Société figurent à la cote du Parquet depuis le 5 mars 1895. — Service financier au siège social.

Mines et Travaux Publics (Compagnie de).

16 janvier, cotation des actions, en Banque au comptant. — Publications B. A., 2 novembre 1908. — Anonyme française constituée le 18 novembre 1908, pour 99 ans. — Mines de zinc et métaux connexes des Anatras (Algérie). — Siège social : 24, rue Pasquier, Paris. — Année sociale : 1er janvier, 31 décembre. — Capital social : 1 million de francs en 10.000 actions de 100 francs, dont 2.000 d'apport à M. L. Delalande, en outre de 10.000 parts de

fondateurs. — Répartition : 5 % réserve légale, 6 % aux actions, 5 % au Conseil ; sur le solde, 75 % aux actionnaires (sauf prélèvements) et 25 % aux parts. — Administrateurs : MM. H. Perron, L. Delalande, F. Spigel. — Service financier au siège social.

Coupon 1 attaché.
Premiers cours inscrits : 123-125.
Plus haut cours : 165. — Plus bas : 50.
Dernier cours : 165, le 18 mai.

Minimax, Société Anonyme.

19 mai, cotation des actions, en Banque au comptant. — Publications B. A., 20 avril 1908 et 24 mai 1909. — Anonyme française constituée le 22 avril 1908, pour 30 ans. — Extincteurs et pulvérisateurs de couleurs. — Siège social : 119, rue Réaumur. — Année sociale : 1er janvier, 31 décembre. — Assemblée : avant fin juin. — Capital social : 500.000 francs, primitivement en 1.000 actions de 500 francs dont 500 d'apport à la Société anglaise « Minimax Consolidated Limited » ; en 1909, les actions ont été partagées en cinquièmes et sont donc au nombre de 5.000, du nominal de 100 francs. — Répartition : 5 % réserve légale ; sur le surplus, 10 % au Conseil et (sauf prélèvements pour réserves spéciales) 90 % aux actions. — Administrateurs : MM. Graaf, Fauconnet, Bonnevie, Ledoux. — Service financier au Comptoir Privé des Valeurs Industrielles, 2, rue Blanche, Paris.

Dernier dividende inscrit : acompte de 4 francs.
Premier cours : 170.
Plus haut cours : 176. — Plus bas : 170.
Dernier cours : 172,50, le 6 décembre.

Modderfontein B. Gold Mines, Limited.

3 mai, cotation des actions, en Banque à terme. — Publications B. A., 19 avril 1909. — Société transvaalienne à responsabilité limitée, enregistrée le 18 novembre 1908, pour une durée indéterminée. — Mines d'or et notamment la suite de « The Modderfontein Extension Limited ». — Siège social : à Johannesburg (Transvaal). — Année sociale : 1er janvier, 31 décembre. — Capital social : £ 700.000, en 700.000 actions de £ 1, dont 338.000 d'apport à diverses Compagnies ; 262.000 actions ont été émises et il y a 100.000 actions à la souche. — Administrateurs : MM. S. Evans, E. A. Wallers, A. M. Niven, H. C. Boyd. — Service financier à Paris à la Compagnie Française de Mines d'Or et de l'Afrique du Sud, 20, rue Taitbout.

Coupon 1 attaché.
Premiers cours inscrits : 91-92.
Plus haut cours : 96. — Plus bas : 63,50.
Dernier cours : 70, le 31 décembre.

M'Poko (Société Anonyme des Etablissements Congolais Gratry).

25 janvier, cotation des actions et des parts bénéficiaires, en Banque au comptant. — Anonyme fran-

çaise constituée le 12 juillet 1899, jusqu'au 31 décembre 1929. — Exploitation de la concession du bassin de la rivière M'Poko et de ses affluents au Congo et toutes affaires coloniales. — Siège social : 15, rue du Pas, Lille. — Année sociale : 1er janvier, 31 décembre. — Assemblée : dans la première quinzaine d'octobre. — Capital social : 2 millions de francs, en 20.000 actions de 100 francs. Il existe en outre 20.000 parts bénéficiaires attribuées à M. Gratry pour son apport. — Répartition : 5 % réserve légale jusqu'à 25 % du capital ; 5 % aux actions ; sur le surplus, 15 % pour payer le revenu dû au gouvernement français, 10 % aux administrateurs et commissaires ; sur le solde, 75 % aux actions et 25 % aux parts. — Administrateurs : MM. J. Richmond, G. Lefebvre, H. Delotte, P. Arnold, A. Gratry, E. Vendenperre, A. Hallet. — Service financier à Paris à la Banque Industrielle et Coloniale, 2, rue Meyerbeer.

	Actions	Parts
Dividende	5	»
Premiers cours.............	100-104	19,20
Plus hauts cours...........	175	36
Plus bas..................	90,50	15
Dernier cours (31 décemb.).	147	32

Nantaise des Mines de Madagascar.

3 juillet, cotation des actions, en Banque au comptant. — Publications B. A., 9 décembre 1907. — Anonyme française constituée le 4 mars 1905, pour 50 ans. — Pierres précieuses, métaux précieux et autres à Madagascar. — Siège social : 3, rue Jean-Jacques-Rousseau, à Nantes. — Année sociale : 1er juillet, 30 juin. — Assemblée : dans la deuxième quinzaine de novembre. — Capital social : à l'origine, 10.000 francs en 100 actions de 100 francs attribuées aux fondateurs, en outre de 100 parts de fondateurs. Par la suite, le capital social a été porté en 4 fois à 250.000 francs en 2.500 actions de 100 francs (en juin 1908, il restait 83.275 francs à verser sur le capital). — Répartition : 5 % réserve légale, 5 % du montant libéré des actions, 10 % au Conseil ; sur le solde, sauf prélèvement pour réserve extraordinaire, 70 % aux actions et 30 % aux parts. — Administrateurs : MM. R. Poulain, E. Fürst, L. Ragot, A. Sigrist. — Service financier à la Banque L. Ragot, 2 bis, rue Dugommier, Nantes.

Dernier dividende inscrit : 15 francs.
Premier cours : 295.
Plus haut cours : 308. — Plus bas : 295.
Dernier cours : 300, le 30 novembre.

New Transvaal Chemical Cy Limited (The).

3 juillet, cotation des actions, en Banque au comptant. — Publications B. A., 21 juin 1909. — Société anglaise enregistrée le 15 juin 1896. — Siège social : 20, Bishopsgate Street Within, Londres. — Année sociale : 1er juillet, 30 juin. — Capital social : à l'origine, £ 16.000 ; depuis 1907-1908, après diverses augmentations, il est de £ 100.000 en 100.000 actions de £ 1. Il a été créé en outre £ 20.000 d'obligations 5 % remboursables en 1916 et dont £ 500

étaient amorties au 30 juin 1908. — Administrateurs : MM. Baron Emile B. d'Erlanger, César Schlesinger, Charles Duerdin-Perrott, Franz Deutsch, William Lindsay-Boase, Th. Alexander, Dr Jacques Schlesinger. — Service financier à Paris à la Banque Commerciale et Industrielle, 25, rue de Clichy.

Dernier dividende inscrit : 5 shillings.
Premiers cours : 74,50-75,50.
Dernier cours : 76, le 31 décembre.

New York Taxicab Cy Limited (The).

9 novembre, cotation en Banque au comptant, de 14.750 obligations de £ 20, 6 %, 1re hypothèque. — Publications B. A., 3 août 1908 et 17 mai 1909. — Intérêt annuel : 6 %, nets d'impôts français actuels, payables par moitié, les 1er janvier et 1er juillet. — Amortissement en cinq ans, à partir du 31 décembre 1910, avec prime de £ 5 % (soit à £ 21) par tirages au sort annuels d'au moins £ 59.000 d'obligations, ou par l'achat sur le marché à £ 103 % ou au-dessous.

Société anglaise primitivement dénommée « The New York Motor Cab Cy Ltd », incorporée le 12 juin 1907, pour une durée illimitée. — Fiacres automobiles (taximètres), à New York et ailleurs. — Siège social : 32, Old Jewry, Londres E. C., avec bureau à Paris, 1 rue du Quatre-Septembre. — Année sociale : 1er janvier, 31 décembre. — Le capital actions est de £ 603.000 en 600.000 actions preferred de £ 1, dont 240.000 émises, et 60.000 actions deferred de 1 shilling, émises. — Administrateurs : MM. Ch. Mascart, L. Weiller, De Mun, L. Boulloche, F. Ducasse, J. S. Smith-Winby, L. Boissevain. — Service financier à Paris à la Banque Franco-Américaine, 22, place Vendôme.

Premier cours inscrit : 510.
Plus haut cours : 515. — Plus bas : 510.
Dernier cours : 514, le 31 décembre.

Nord d'Alais (Société Houillère du).

4 octobre, cotation des actions, en Banque au comptant. — Publications B. A., 21 décembre 1908. — Anonyme française constituée le 8 août 1900, pour une durée indéterminée. — Exploitation de la concession houillère de Saint-Martin de Valgalgues (Gard). — Siège social : à Saint-Martin de Valgalgues (Gard). — Année sociale : 1er juillet, 30 juin. — Assemblée : le 3e mardi de novembre. — Capital social : à l'origine, 4 millions de francs en 8.000 actions de 500 francs, dont 2.750 d'apport à la « Société de Recherches du Midi » ; ramené en 1909 à 1.600.000 francs par la réduction du nominal à 200 francs et porté en 1909 à 4 millions de francs en 20.000 actions de 200 francs, dont 12.000 libérées d'un quart. — Répartition : 5 % réserve légale, jusqu'à concurrence de 2 millions de francs, et prélèvement facultatif pour amortissement et prévoyance ; sur le solde, 8 % au Conseil et 92 % aux actionnaires. — Administrateurs : MM. A. Delineau, A. Lallemant, J. Harmegnies, J. Mallet, H. Tesse, P. Famel, F. Cambassedès. — Service

financier à Lille au Crédit Lyonnais et à la Banque Verley, Decroix et Cie.

Premiers cours inscrits : 375-378.
Plus haut cours : 387. — Plus bas : 350.
Dernier cours : 362, le 10 décembre.

Nord-Sud de Paris (Société du Chemin de fer Electrique Souterrain).

5 août, cotation au Parquet au comptant, de 76.080 obligations de 500 francs 4 %. — Emises à 480 francs, libérées et au porteur. — Intérêt annuel : 20 francs, payables par moitié, les 30 juin et 31 décembre. — Amortissables au pair en 35 ans, par tirages au sort annuels à partir du 31 décembre 1913, sous réserve de remboursement anticipé à toute époque.

Anonyme française constituée le 10 juin 1902, pour 75 ans. — Chemin de fer souterrain de Montparnasse à Montmartre, 13 kilomètres 619. — Siège social : 20, rue d'Athènes, Paris. — Année sociale : 1er janvier, 31 décembre. — Assemblée : en février ou mars. — Le capital actions qui était à l'origine de 2 millions a été successivement porté jusqu'à 50 millions en 200.000 actions de 250 francs. — (Les actions sont cotées au Parquet au comptant et à terme.) — Administrateurs : MM. A. Laurans, E. de Billy, J. Charles Roux, P. Chatel, général Delanne, F. Devise, X. Janicot, Juillet Saint-Léger, Maxime Duval, J. Pallain, G. de Pellerin de Latouche, A. Salles, Dutey-Harispe, comte de Lyrot, Paul Chapuy. — Service financier des obligations à la Banque de Paris et des Pays-Bas, Banque Suisse et Française, Banque de l'Union Parisienne, Comptoir National d'Escompte, Crédit Lyonnais, Crédit Industriel et Commercial, Société Générale et chez MM. Mirabaud et Cie.

Premiers cours inscrit : 483,50-484.
Plus haut cours : 491. — Plus bas : 476.
Dernier cours : 478,50, le 31 décembre.

Omnium du Sud-Ouest.

9 février, cotation des actions, en Banque au comptant. — Publications B. A., 16 novembre 1908. — Anonyme française constituée le 24 juillet 1907, pour 30 ans. — Prunes d'ente par évaporation et étuvage, fruits desséchés et conserves alimentaires. — Siège social : 20, rue Saint-Fiacre, Paris. — Année sociale : 1er avril, 31 mars. — Assemblée : avant fin juin. — Capital social : 700.000 francs en 7.000 actions de 100 francs, dont 2.000 d'apport à MM. A. Pujol et A. Oriel. — Répartition : 5 % réserve légale, 5 % à la disposition de l'Assemblée, 10 % au Conseil, 2 % pour caisse de secours du personnel ; le solde aux actions. — Administrateurs : MM. J. Dubouloz, E. Lozouet, L. Harant, A. Debras, C. Chapat, A. Oriel, A. Pujol. — Service financier à la Banque de Marseille, 52, boulevard Haussmann, Paris.

Dernier dividende inscrit : 5 francs.
Premiers cours : 101-103.
Plus haut cours : 120. — Plus bas : 97.
Dernier cours : 104, le 7 juin.

Oriental Carpet Manufacturers, Limited (The).

4 juin, cotation des actions en Banque au comptant et 22 novembre en Banque à terme. — Publications B. A., 10 mai 1909. — Société anglaise enregistrée le 16 décembre 1907, pour une durée indéterminée. — Tapis d'Orient. — Siège social : 9, Warwick Square, Newgate Street, Londres ; avec siège central à Smyrne. — Année sociale : 1er janvier, 31 décembre. — Capital social : £ 400.000 en 80.000 actions de £ 5, dont 72.100 émises et 7.900 tenues en réserve au 31 décembre 1908. — Répartition : 5 % réserve ; sur le surplus, 6 % aux actions ; sur l'excédent, 5 % aux administrateurs ; le solde aux actionnaires. — Administrateurs : MM. N. de Andria, S. La Fontaine, A. Aliotti, H. de Andria, J. Baker, H. F. Giraud, A. La Fontaine, I. Polako, T. Spartali, J. A. Sykes. — Service financier à la Société Générale et à la Banque Commerciale et Industrielle, 25, rue de Clichy.

Dernier dividende inscrit : 8 shillings.
Premiers cours inscrits : 180-183.
Plus haut cours : 289. — Plus bas : 180.
Dernier cours : 286, le 31 décembre.

Ouest-Lumière (Compagnie d'Electricité de l'Ouest-Parisien).

10 juillet, cotation en Banque au comptant, de 10.000 parts de fondateurs, remises savoir : 7.500 à la Société Franco-Suisse pour l'Industrie électrique et à la Société Générale Electrique et Industrielle et 2.500 à la Compagnie Urbaine d'Eau et d'Electricité. — Publications B. A., 6 mai 1907.

Anonyme française constituée le 28 avril 1900, pour 50 ans. — Eclairage et force électrique dans la banlieue Ouest de Paris. — Siège social : 73, boulevard Haussmann, Paris. — Année sociale : 1er juillet, 30 juin. — Assemblée : avant fin décembre. — Le capital actions, fixé à l'origine à 6 millions de francs en 60.000 actions de 100 francs (dont 12.500 d'apport), a été successivement élevé jusqu'à 12 millions de francs en 120.000 actions de 100 francs. — Les actions et les obligations sont cotées au Parquet au comptant. — Il a été émis 8 millions de francs d'obligations de 500 francs 4 1/2 %. — Les parts ont droit à 30 % du solde des bénéfices nets. — Administrateurs : MM. C. Krantz, E. Lattès, A. Baux, Beauvois-Devaux, Boissonnas, Delbruck, Herard, E. Mallet, Ch. Mildé, G. Pictet, Ed. de Sinçay. — Service financier à la Société Générale et à la Banque de Paris et des Pays-Bas.

Premiers cours : 125-127.
Dernier cours : 129, le 31 décembre.

Pacho (Soc. de Caoutchouc, Café et Fibre de).

4 janvier, cotation des actions, en Banque au comptant. — Publications B. A., 28 septembre 1908. — Société belge constituée le 5 décembre 1907, pour 30 ans. — Propriétés en Colombie. — Siège social : 41, rue Bosquet à Bruxelles. — Année sociale : 1er janvier, 31 décembre. — Assemblée : le 4e lundi de mai. — Capital social : 1.500.000 francs en 15.000 ac-

tions de 100 francs dont 12.500 d'apport. — Répartition : 5 % réserve légale jusqu'à concurrence du dixième du capital ; sur le surplus, 5 % aux administrateurs et commissaires et 95 % aux actions.

Papeteries du Limousin (Société Générale des).

8 juillet, cotation des actions en Banque au comptant. — Publications B. A., 15 mars 1909. — Anonyme française constituée le 17 décembre 1898, pour 75 ans. — Diverses papeteries dans la Haute-Vienne et en Charente. — Siège social : Saint-Junien (Haute-Vienne). — Année sociale : 1er août, 31 juillet. — Assemblée : avant fin novembre. — Capital social : à l'origine, 3.345.000 francs en 33.450 actions de 100 francs, dont 26.760 d'apport aux divers apporteurs, en outre d'une somme espèces de 669.000 francs ; porté depuis 1900 à 5.074.000 fr. en 50.740 actions de 100 francs. — Répartition : 5 % réserve légale, 5 % pour fonds de prévoyance jusqu'à concurrence de 500.000 francs, 5 % aux actions ; sur le solde, 15 % au Conseil et 85 % aux actions. — Administrateurs : MM. A. Pornin, E. Barataud, G. Faye, P. Teillet, J. Vignerie, Th. Rigaud, R. de Labrouche, P. Codet, E. Gibouin. — Service financier à Paris, au Crédit Lyonnais, à la Société Générale et au Comptoir d'Escompte ; à Limoges, à la Banque Tarneaud et Cie et au siège social.

Dernier dividende inscrit : 6 francs.
Premier cours : 70,50.
Dernier cours : 88, le 31 décembre.

Paris Hippodrome Skating Rink Cy. (The).

9 décembre, cotation des actions ordinaires, en Banque au comptant. — Publications B. A., 23 août 1909. — Société anglaise enregistrée le 20 août 1909, pour une durée illimitée. — Patinage à roulettes à l'Hippodrome, rue Caulaincourt, Paris. — Siège social : 9, Cook Street, Liverpool (Angleterre) ; avec bureaux à Paris, 27, rue de Mogador. — Capital social : £ 20.000, en 10.000 actions privilégiées de £ 1 (dont 8.090 souscrites) et 10.000 actions ordinaires de £ 1, toutes ces dernières d'apport à MM. C. P. Crawford et F. A. Wilkins. — Répartition : un tiers aux actions ordinaires et deux tiers aux actions privilégiées jusqu'au remboursement de celles-ci ; après quoi les actions ordinaires toucheront deux tiers jusqu'à leur remboursement et les actions privilégiées un tiers ; quand toutes les actions privilégiées et ordinaires seront remboursées, le partage se fera par moitié. — Administrateurs : MM. C. P. Crawford et F. A. Wilkins. — Service financier à Paris chez MM. Armstrong et Cie, 19, rue Scribe.

Coupon 1 attaché.
Premiers cours inscrits : 49,50-50,50.
Plus haut cours : 50,50. — Plus bas : 42.
Dernier cours : 42,50, le 31 décembre.

Pernambuco (Compagnie Générale de).

29 juin, cotation en Banque au comptant, de 11.400 obligations de 500 francs, 5 % or. — Publications B. A., 7, 14 et 21 juin 1909. — L'emprunt, destiné en partie à la conversion intégrale de l'ancienne dette obligataire de 3.420.000 francs, a été fixé à 5.300.000 francs minimum et 6.500.000 francs maximum. — Emises en juin 1909, à 445 francs. — Intérêt annuel : 25 francs, nets de tous impôts brésiliens et étrangers, payables par moitié, les 1er janvier et 1er juillet. — Amortissement à 510 francs en 40 ans, à compter de 1915, par tirages au sort annuels le 15 mars, sauf droit de rachat en Bourse et de remboursement anticipé avec préavis de 6 mois. — Garantie : première hypothèque sur l'actif immobilier, sauf un immeuble et une ligne de chemins de fer.
Société anonyme brésilienne constituée en 1891, pour 80 ans. — Usines de sucre et d'alcool, lignes de chemins de fer, immeubles. — Siège social : à Rio-de-Janeiro (Brésil). — Année sociale : 1er juillet, 30 juin. — Le capital actions est de 3.500.000 reis en 17.000 actions de 200 reis. — Administrateurs : MM. J. C. Pereira Lima, A. Richer. Il y a un Conseil fiscal et un Conseil de direction financière en Europe. — Service financier à Paris à la Banque Commerciale et Industrielle, 25, rue de Clichy. (Il existe à Paris une Société civile des obligataires, avec siège social, 101, rue Réaumur.)

Premiers cours inscrits : 450-451.
Plus haut cours : 461. — Plus bas : 444.
Dernier cours : 457, le 31 décembre.

Peru Mines and Estates, Limited.

3 août, cotation des actions, en Banque au comptant. — Publications B. A., 17 mai et 2 août 1909. — Société anglaise à responsabilité limitée, enregistrée le 8 avril 1909, pour une durée illimitée. — Gisements miniers dans la vallée de Huaylas, au Pérou. — Siège social : 4, boulevard Street Bank, Londres E. C. ; agence à Paris, 24, boulevard des Capucines au Syndicat Industriel Minier. — Année sociale : 1er janvier, 31 décembre. — Capital social : £ 150.000 en 150.000 actions de £ 1. — Administrateurs : Sir Norman Robert Pringle Bart et Walter Hooker. — Service financier au siège social et à l'agence de Paris.

Coupon 1 attaché.
Premiers cours inscrits : 30-31.
Plus haut cours : 50. — Plus bas : 30.
Dernier cours : 48, le 31 décembre.

Peruvian Amazon Company, Limited (The).

17 mars, cotation des actions de préférence, en Banque au comptant. — Publications B. A., 14 décembre 1908. — Société anglaise incorporée le 26 septembre 1907, pour une durée illimitée, sous le nom de « Peruvian Amazon Rubber Cy. Ltd », modifiée en juillet 1908 pour la dénomination actuelle. — Caoutchouc, cacao, tabac, etc, au Pérou et au Brésil. — Siège social : Salisbury House, London Wall, Londres E. C. — Capital social : £ 1 million en 300.000 actions de préférence 7 % cumulatif de £ 1 et 700.000 actions ordinaires de £ 1, toutes d'apport. — Répartition : 7 % cumulatif aux actions de préférence et 20 % du surplus des bénéfices

après paiement de 7 % aux actions ordinaires. — Administrateurs : MM. H. M. Read, J. Lister Kaye, J. Russell Gubbins, de Sousa Deiro, H. Bonduel, J. C. Arana, A. Alarco. — Service financier à Paris à la Société Financière Parisienne, 6 *bis*, rue de Châteaudun.

Coupon 1 attaché.
Premier cours inscrit : 30.
Plus haut cours : 36. — Plus bas : 29.
Dernier cours : 34, le 17 août.

Péruvienne de Navigation à vapeur et du Dock flottant du Callao (Compagnie).

19 novembre, cotation au Parquet au comptant, de 17.500 obligations de 504 francs 6 % or. — Publications B. A., 6 septembre 1909. — Emises à 496 fr., libérées et au porteur. — Intérêt annuel : 30 fr. 24, payables par moitié, nets d'impôts péruviens, les 1er mai et 1er novembre. — Amortissement en 21 ans, de 1910 à 1930, soit par tirages au sort annuels en juillet, soit par rachats en Bourse, sous réserve de remboursement anticipé à 102 %, à partir de novembre 1914 et au pair à partir de novembre 1916. — Garanties : 30.000 livres péruviennes du Gouvernement (taxe des allumettes) et hypothèque sur 5 navires.

Société péruvienne constituée le 21 février 1907, pour 99 ans. — Lignes de navigation à vapeur et dock flottant du Callao. — Siège social : à Lima (Pérou) ; la Société civile des porteurs d'obligations à son siège social à Paris, 27, rue de Rome. — Le capital actions est de 300 000 livres péruviennes en 300.000 actions de 1 livre péruvienne. — Service financier à Paris : Banque Française pour le Commerce et l'Industrie, 9, rue Boudreau, Banque Transatlantique, 10, rue Mogador et chez MM. Perier et Cie, banquiers, 90, rue de Provence.

Premiers cours inscrits : 496,25-496,50.
Plus haut cours : 498. — Plus bas : 496.
Dernier cours : 498, le 31 décembre.

Petit Parisien, Dupuy et Cie.

Conformément à une résolution de l'Assemblée générale extraordinaire en date du 22 mai dernier, la Société du Petit Parisien, Dupuy et Cie, a procédé au dédoublement de ses actions et parts bénéficiaires. — En conséquence, la Chambre syndicale a décidé qu'à partir du 6 juillet, les 24.000 actions nouvelles de 125 francs, libérées et nominatives, et les 70.000 parts bénéficiaires au porteur de ladite Société ont été admises aux négociations de la Bourse, au comptant, en remplacement des actions et parts anciennes.

Phosphates Agricoles de la Siliana (Société des).

2 septembre, cotation des actions, en Banque au comptant. — Publications B. A., 25 janvier et 16 août 1909. — Anonyme française constituée en 1909, pour 50 ans. — Phosphates en Tunisie. — Siège social : 49, rue des Martyrs, Paris. — Année sociale : 1er octobre, 30 septembre. — Assemblée en janvier. — Capital social : 1 million de francs, en 10.000 actions de 100 francs. Les apports ont été payés 600.000 francs espèces et 4.000 parts de fondateur. — Répartition : 5 % réserve légale, 5 % aux actions, 5 % au Conseil, 5 % au personnel ; sur le surplus, 80 % aux actions et 20 % aux parts. (Pour le premier exercice les actions ont droit à un intérêt fixe de 3 % compris dans les charges sociales. — Administrateurs : MM. E. Dubray, A. Dufourg, G. Larramet, J. Dufourg. — Service financier au siège social.

Coupon 1 attaché.
Premier cours inscrit : 145.
Plus haut cours : 160. — Plus bas : 145.
Dernier cours : 157, le 29 décembre.

Phosphates Tunisiens.

18 juin, cotation en Banque à terme et au comptant, des actions nouvelles de 125 francs, dedoublées des actions anciennes de 250 francs.

Plantations de Caoutchouc de Sumatra (Ste des).

16 octobre, cotation en Banque au comptant, des actions de capital et des actions de dividende. — Publications B. A., 10 et 24 février 1908. — Anonyme hollandaise constituée le 26 avril 1907, pour durer jusqu'au 31 décembre 1981. — Plantations de caoutchouc aux Indes Néerlandaises, sauf les résidences de Djokjokarta et de Socrakarta. — Siège social : à La Haye (Pays-Bas) ; avec siège administratif à Paris, 31, rue Lafayette. — Année sociale : 1er juillet, 30 juin. — Assemblée : avant fin décembre. — Capital social : 1.000.000 de florins des Pays-Bas, en 10.000 actions de capital de 100 florins. Il existe en outre 10.000 actions de dividende sans désignation de valeur nominale. Les apports ont été payés à M. Dinet, 500 actions de capital et une somme espèces de 50.000 florins. En outre M. Dinet qui garantit aux actionnaires pendant les 5 premières années un intérêt de 5 %, recevra en compensation de cette garantie d'intérêt une somme de 192.500 florins payables en 1907, 1908 et 1909 en trois montants égaux. — Répartition : prélèvements pour amortissements et réserves ; sur le surplus, 5 % aux actions de capital ; sur le surplus, 15 % au Conseil et au Collège des commissaires ; sur le solde, 60 % aux actions de capital et 40 % aux actions de dividende. — Administrateurs : MM. de Lameth, E. Thys, C. Cambefort, P. de Rohan-Chabot, L. Donnet, C. Engeringh, P. Van Romburgh, C. Poirson. — Service financier à Paris au Crédit Foncier d'Algérie et de Tunisie.

	Act. div.	Act. cap.
Dividendes	C. 1 att.	5 %
Premiers cours..........	205	385
Plus hauts cours........	280	446
Plus bas................	120	221
Derniers cours..........	173	292

Ces derniers cours le 31 décembre.

Porphyre Vert (Société Française du).

11 mai, cotation des obligations, en Banque au comptant. — Publications B. A., 20 janvier 1908. — Il a été contracté en 1908 un emprunt obligataire de 4 millions de francs en 40.000 obligations de 100 francs, à émettre par séries de 1.000 titres selon les besoins de la Société. — Intérêt annuel fixe : 2 fr. 50, avec une fraction de dividende (50 % sur le solde des bénéfices nets). — Remboursables à 125 francs à partir de la première année d'émission de chaque série, à raison d'un titre par an et par série, pendant 98 ans, le solde étant remboursable à l'expiration de la 99e année. — Garantie de la Société civile de Remboursement et d'Amortissement de Paris.

Anonyme française constituée le 7 janvier 1908, pour 99 ans. — Porphyre vert à Saint-Barthélemy (Haute-Saône). — Siège social : 40, rue de Trévise, Paris. — Année sociale : 1er janvier, 31 décembre. — Assemblée : avant fin juin. — Le capital actions est de 100.000 francs en 1.000 actions de 100 francs attribués aux fondateurs. — Administrateurs : MM. Ch. de Gaye, de Salefa d'Opoul, J. G. David, F. Fauveau, A. de Gaye. — Service financier : Banque des Valeurs Garanties, 48, boulevard Haussmann, Paris.

Premiers cours inscrits : 101-101,50.
Plus haut cours : 102. — *Plus bas :* 101.
Dernier cours : 102, le 19 mai.

Port de Rio Grande do Sul (Cie Française du).

24 mai, cotation au Parquet au comptant, des actions de priorité de 500 francs et de 100.000 obligations de 500 francs 5 %. — Publications B. A., 20 juillet 1908. — Les obligations font partie d'une création de 170.000 obligations. — Emises à 450 fr. — Intérêt annuel : 25 francs, payables par moitié, les 1er février et 1er août. — Remboursables au pair, par tirages au sort annuels de 1914 à 1973, sous réserve de remboursement anticipé à partir de 1918. — Garantie par le Gouvernement brésilien d'une annuité de 6 % sur la totalité des sommes dépensées pour la construction du port.

Anonyme française constituée le 9 juillet 1908, pour 99 ans. — Siège social : 9, rue Daunou, à Paris. — Le capital actions est de 30 millions de francs en 60.000 actions de 500 francs, dont 20.000 actions de priorité nominatives libérées de 125 francs et 40.000 actions ordinaires, toutes ces dernières d'apport à la Société américaine Port of Rio Grande do Sul. Il existe en outre des parts de fondateurs, attribuées à M. Ledru, pour son apport. — Les actions de priorité ont droit à 6 % cumulatif sur le capital versé et à 25 % de l'excédent disponible. — Service financier : pour les actions à la Banque de Paris et des Pays-Bas et pour les obligations à la Banque de Paris et des Pays-Bas et à la Société Générale.

Premier cours (obligations) : 470.
Plus haut cours : 474. — *Plus bas :* 440.
Dernier cours : 463, le 31 décembre.

Prowodnik.

6 février, cotation au Parquet au comptant et à terme, des 70.000 actions de 100 roubles constituant le capital de la Société. — Publications B. A., 14 décembre 1908. — Ces titres, depuis 1907, étaient déjà cotés en Banque à terme et au comptant. — Société anonyme russe constituée le 26 juin 1888. — Objets de caoutchouc en Russie. — Siège social à Riga. — Année sociale : 1er janvier, 31 décembre. — Service financier à la Société Marseillaise de Crédit Industriel et Commercial et de Dépôts, 4, rue Auber.

Dernier dividende : 31,92.
Premiers cours : 536-535-537.
Plus haut cours : 625. — *Plus bas :* 535.
Dernier cours : 599, le 31 décembre.

Railways et Electricité (Compag. Générale de).

10 mars, cotation au Parquet au comptant et à terme, de 40.000 actions de capital (204.832 actions de capital étaient déjà cotées depuis 1905 et 1906) et cotation au Parquet au comptant, de 45.050 actions de dividende. — Publications B. A., 4 et 11 janvier 1909. — Anonyme belge constituée le 3 novembre 1904, pour 30 ans. — Participations dans les affaires de transports et d'électricité. — Siège social : 33, rue du Congrès, à Bruxelles. — Année sociale : 1er janvier, 31 décembre. — Assemblée : le 4e mercredi de mars. — Capital social : à l'origine 1 million, porté successivement à 11 millions, 15 millions et 25 millions en actions de capital de 100 francs. Il existe en outre 45.050 actions de dividende sans désignation de valeur nominale. — Répartition : 5 % réserve, 4 % aux actions de capital, 4 francs aux actions ordinaires, 5 % pour l'amortissement des actions de capital, 5 % aux administrateurs et commissaires ; le solde par moitié aux actions de capital et de jouissance et aux actions de dividende. — Administrateurs : MM. E. Empain, F. Empain, M. Anspach, A. Bégault, de Smet de Naeyer, A. Dresse, A. Huart-Hamoir. — Service financier à Paris, chez MM. Bénard et Jarislowsky, rue Scribe, 19, et à la Banque de Paris et des Pays-Bas.

	Act. cap.	Act. div.
Dividendes	7	20,65
Premiers cours.........	150-152	418-420
Plus hauts cours........	173	479
Plus bas.................	137,50	405
Derniers cours..........	168	479

Ces derniers cours le 24 et le 31 décembre.

Rietfontein Deep, Limited.

7 juillet, cotation de 200.000 actions en Banque au comptant. — Publications B. A., 14 juin et 5 juillet 1909. — Société anglaise à responsabilité limitée, constituée le 28 juin 1895, pour une durée illimitée. — Mines d'or au Witwatersrand. — Siège social : 15, Angel Court, à Londres. — Année sociale : 1er novembre, 31 octobre. — Capital social autorisé : 200.000 actions de £ 1 dont 151.392 émises au 31 octobre 1908. — Administrateurs : MM. E. Herman, Benito Weiser. —

Coupon 1 attaché.
Dernier cours : 22.

Roubaisienne d'Eclairage par le Gaz et l'Electricité (Société).

2 novembre, cotation en Banque au comptant, de 2.500 obligations hypothécaires de 500 francs 4 1/2 %. — Publications B. A., 11 novembre 1907, 16 mars 1908 et 2 août 1909. — Ces obligations font partie d'un emprunt obligataire de 4 millions de francs. — Emises à 475 francs. — Intérêt annuel : 22 fr. 50 payables par moitié, sous déduction des impôts, les 15 avril et 15 octobre. — Amortissement au pair en 28 ans, par tirage au sort annuel à partir du 15 avril 1912 ou par rachat en Bourse, sous réserve de remboursement au pair par anticipation à partir du 1er janvier 1913. — Garantie hypothécaire sur les immeubles sociaux, actuels ou futurs.

Anonyme française constituée le 18 novembre 1907, pour 99 ans. — Gaz et Electricité à Roubaix (concession accordée à la « Société d'Energie Electrique du Nord de la France ». — Siège social : 69, rue de Miromesnil, Paris. — Année sociale : 1er janvier, 31 décembre. — Assemblée : avant fin juin. — Le capital actions est de 3 millions de francs, en 12.000 actions de 250 francs. — Administrateurs : MM. Buhot, A. Giros, L. Loucheur, A. Alby, M. Ryndzunsky, E. Tissot, T. Verstraeten. — Service financier à Paris, au Crédit Foncier d'Algérie et de Tunisie, à Roubaix à la Banque Régionale du Nord.

Premier cours inscrit : 476.
Plus haut cours : 478,50. — Plus bas : 476.
Dernier cours : 478, le 31 décembre.

Roussillon Tyres and International Rubber Cy. Limited (The).

7 décembre, cotation des actions ordinaires en Banque au comptant. — Publications B. A., 30 août et 13 décembre 1909. — Société anglaise incorporée le 6 juillet 1909, pour une durée indéfinie. — Exploitation des brevets Roussillon et Filleul-Brohy pour pneus d'autos et de vélos. — Siège social : Finsbury House, Blomfield Street, Londres E. C. — Capital social : £ 200.000 en 197.000 actions ordinaires de £ 1 et 60.000 actions deferred de 1 shilling, toutes ces dernières d'apport à MM. Roussillon et Filleul-Brohy en outre d'une somme de £ 100.000 payable en actions ou en espèces. Au 26 novembre 1909, le capital émis était de £ 91.038 ; les apporteurs avaient reçu £ 80.000 en espèces et il leur restait dû £ 20.000. — Répartition : 5 % maximum pour dépréciation des immeubles ; 10 % pour dépréciation sur machines, outils, etc.; 6 % aux actions ordinaires ; 25 % maximum du surplus à la réserve et 15 % aux administrateurs ; sur le solde, 50 % aux actions ordinaires et 50 % aux actions deferred. — Service financier à Paris à la Banque Générale de l'Industrie Automobile et de l'Aviation, 74, boulevard Haussmann.

Coupon 1 attaché.
Premier cours inscrit : 27,50
Plus haut cours : 31. — Plus bas : 27,50.
Dernier cours : 31, le 31 décembre.

Salines domaniales de l'Est.

10 juillet, cotation au Parquet au comptant, de 10.000 obligations hypothécaires 4 1/2 % 1909 de 500 francs. — Ces obligations ont été émises au pair, libérées et au porteur. — Elles ont été destinées à l'échange ou au remboursement des diverses séries d'obligations anciennes. — Intérêt annuel : 22 fr. 50 nets des impôts actuels, payables les 1er janvier et 1er juillet. — Remboursables par tirages au sort annuels de 1916 à 1965, sous réserve de remboursement anticipé, total ou partiel, à partir de juillet 1915. — Service financier au siège social à Paris, 19, rue de Téhéran.

La Société date de 1862. Elle exploite des salines dans la Meurthe, le Jura et le Doubs, et fabrique aussi des produits chimiques. — Année sociale : 1er janvier, 31 décembre. — Le capital actuel est de 5 millions, en 20.000 actions de 250 fr., cotées au Parquet, au comptant. — Les trois derniers dividendes ont été de 24 francs. — Administrateurs : MM. le baron H. de Bethmann, de Stucklé, Seiler, Chevreux, Bourgoin, Schaller.

Premier cours inscrit : 510.
Plus haut cours : 516. — Plus bas : 503.
Dernier cours : 514, le 30 décembre.

Sapinière (Compagnie Immobilière de la).

3 novembre, cotation en Banque au comptant, des obligations de 500 francs, 5 %. — Publications B. A., 26 juillet et 1er novembre 1909. — Ces obligations sont au nombre de 2.000, dont 300 abonnées au Timbre français. — Intérêt annuel : 25 francs, payables par moitié, les 1er avril et 1er octobre. — Amortissement en 25 années, de 1914 à 1938.

Anonyme belge constituée le 9 mai 1909, pour 30 ans. — Bois de sapins à Hule, en Belgique. — Siège social : 41, rue du Midi, à Bruxelles. — Année sociale : 1er juillet, 30 juin. — Assemblée : le quatrième samedi d'octobre. — Le capital actions est de 1 million de francs en 2.000 actions de 500 fr., dont 1.950 d'apport à MM. Van der Borght et Defives. — Administrateurs : MM. J. Van der Borght, J. Defives, J. Godfroy, J. Mary, V. Mary. — Service financier des obligations au siège social.

Premiers cours inscrits : 490-491.
Plus haut cours : 501. — Plus bas : 490.
Derniers cours : 500, le 31 décembre.

Secteur Electrique du Faubourg Saint-Denis.

15 novembre, cotation des actions, en Banque au comptant. — Publications B. A., 4 octobre 1909. — Anonyme française constituée le 18 septembre 1909, pour 25 ans. — Exploitation d'une usine électrique sise à Paris, 9, cour des Petites-Ecuries. — Siège social : 9, passage des Petites-Ecuries, Paris. — Année sociale : 1er avril, 31 mars. — Assemblée : en mai. — Capital social : 350.000 francs, en 3.500 actions de 100 francs, dont 1.000 d'apport attribuées à la « Société Française d'Entreprises Electriques », en outre des 1.000 parts de fondateurs et d'une somme espèces de 30.000 francs. — Répartition : 5 %

réserve légale, 5 % aux actions ; sur le surplus, 15 % au Conseil et 10 % aux parts ; le solde aux actions, sauf décision contraire de l'assemblée. — Administrateurs : MM. Dupuy-Dutemps, Favaron, Du Commun, Letourneau. — Service financier au siège social.

Coupon 1 attaché.
Premiers cours inscrits : 160-163.
Plus haut cours : 215. — Plus bas : 160.
Dernier cours : 190, le 31 décembre.

Société Générale Electrique et Industrielle.

Suivant décision de l'Assemblée générale extraordinaire du 24 juin 1909, le capital social a été réduit de 12.500.000 francs à 5.000.000 de francs, au moyen de la réduction de 500 francs à 200 francs du nominal de chacune des actions. — En conséquence, la Chambre syndicale a décidé qu'à partir du 29 juillet, les 25.000 actions de ladite Société ne sont plus négociables qu'en titres munis de l'estampille suivante : « Capital réduit à 5.000.000 de francs divisé en 25.000 actions de 200 francs chacune — Action réduite à deux cents francs — (Décisions de l'Assemblée générale extraordinaire du 24 juin 1909). »

Sucreries Brésiliennes (Société des).

24 décembre, cotation des actions au Parquet au comptant (2º partie du Bulletin de la Cote). — Publications B. A., 22 novembre 1909. — Anonyme française constituée le 5 juillet 1907, pour 30 ans. — Sucreries au Brésil (réunion de cinq Sociétés de sucrerie). — Siège social : 13, rue Henner, Paris. — Capital social : 7.000.000 de francs en 70.000 actions de 100 francs, dont 65.000 d'apport. Il a été émis 1.108 obligations de 500 francs sur 11.000 autorisées et la Société a pris à sa charge un certain nombre d'obligations des Sociétés dont elle a pris la suite. — Répartition : les administrateurs ont droit à 15 % après 5 % réserve légale et 6 % aux actionnaires. — Service financier des titres au siège social, des coupons au Crédit Lyonnais et au Comptoir Industriel et Colonial, 23, rue Taitbout.

Dernier dividende : 7 francs.
Premier cours inscrit : 115.
Plus haut cours : 154,50. — Plus bas : 115.
Dernier cours : 154,50, le 31 décembre.

Textiles (Compagnie Française des).

25 novembre, cotation des actions, en Banque au comptant. — Publications B. A., 2 août 1909. — Anonyme française constituée le 23 octobre 1909, pour 50 ans. — Brevets pour industrie textile. — Siège social : 44, rue Blanche, Paris. — Année sociale : 1er janvier, 31 décembre. — Assemblée : avant fin juin. — Capital social : 500.000 francs en 2.000 actions de 250 francs, dont 1.000 d'apport à M. A. Domergue, en outre des 2.000 parts de fondateur. —

Répartition : 5 % réserve légale, 5 % aux actions ; sur le surplus, 10 % au Conseil ; sur le surplus, 10 % au maximum pour réserves spéciales ; sur le solde, 60 % aux actions (sauf prélèvements pour amortissement) et 40 % aux parts. — Administrateurs : MM. F. Vogein, A. Marin, A. Domergue. — Service financier au siège social.

Coupon 1 attaché.
Premiers cours inscrits : 325-330.
Plus haut cours : 390. — Plus bas : 325.
Dernier cours : 387, le 31 décembre.

Tramways de Buenos-Ayres (Compag. Gén. des).

16 juillet, cotation des actions de capital, au Parquet au comptant et à terme. — Publications B. A., 24 mai et 21 juin 1909. — Société anonyme belge constituée le 5 mars 1907. — Omnium de tramways à Buenos-Ayres et République Argentine. — Siège social : 46, rue de Naples, Bruxelles. — Année sociale : 1er juillet, 30 juin. — Assemblée : en novembre. — Capital social : 65 millions de francs en 650.000 actions de capital de 100 francs, dont 200.000 d'apport. Il existe en outre 650.000 actions de dividende et 800 parts de fondateurs, sans valeur nominale, et 85.000 obligations de 500 francs 4 %. — Administrateurs : MM. V. Fris, G. Lazarus, de Jonghe, M. Despret, Goury du Rosland, J. Hamspohn, L. Janssen, Lucien Janssen, I. Lœve, H. Monnom, W. Muller, O. Oliven, A. Peitzer, A. Salomonsohn, F. Thomson, H. Wiegand. — Service financier à Paris, au Comptoir National d'Escompte et à la Banque de Paris et des Pays-Bas.

Dernier dividende : 4 1/2 %.
Premiers cours inscrits : 128-130.
Plus haut cours : 145. — Plus bas : 127,50.
Dernier cours : 141, le 31 décembre.

Tramways de Tours (Compagnie des).

12 février, cotation en Banque au comptant, de 5.778 obligations de 500 francs 4 %. — Publications B. A., 9 décembre 1907. — Emises à 450 francs. — Intérêt annuel : 20 francs, sous déduction des impôts, payables par moitié, les 1er janvier et 1er juillet. — Remboursement au pair en 44 ans, par voie de tirage au sort, sous réserve de remboursement au pair par anticipation, à quelque époque que ce soit. Anonyme française constituée le 14 décembre 1897, pour 60 ans. — Siège social : 15, rue d'Argenteuil, à Paris. — Année sociale : 1er juillet, 30 juin. — Assemblée : avant fin décembre. — Le capital actions était à l'origine de 2.500.000 francs en 25.000 actions de 100 francs ; porté en 1898 à 3.500.000 fr. et en 1899 à 4.500.000 francs en 45.000 actions de 100 francs. — Administrateurs : MM. le général Leplus, C. de Burlet, G. Level, H. Wiener, G. Schwob. — Service financier au siège social.

Coupon 1 attaché.
Premiers cours : 18-19,50.
Dernier cours : 22, le 31 décembre.

Tramways de Tunis (Compagnie des).

8 novembre, cotation des actions au Parquet au comptant. (Ces actions étaient auparavant cotées en Banque au comptant depuis février 1907). — Publications B. A., 16 août et 25 octobre 1909. — Anonyme tunisienne constituée le 4 mars 1903, pour 75 ans. — Exploitation des tramways de Tunis, filiale de la Compagnie Générale Française de Tramways. — Siège social : à Tunis ; avec bureaux à Paris, 29, rue de Londres. — Année sociale : 1er janvier, 31 décembre. — Assemblée : avant fin juin. — Capital social : à l'origine, 3.750.000 francs en actions de 500 francs ; porté successivement et ramené jusqu'à 8 millions de francs, en actions de 100 francs, dont 22.500 d'apport. — Répartition : 5 % réserve légale, 4 % aux actions ; sur le solde, 10 % au Conseil et 90 % aux actionnaires. — Administrateurs : MM. O. Renaud, J. Baldauff, G. Pavie, baron Ancion, L. Goury du Rosland, L. Guary, G. Schelle. — Service financier à Paris au Comptoir National d'Escompte.

Travaux Publics (Société Générale de).

22 avril, cotation des actions en Banque au comptant. — Publications B. A., 10 août, 2 et 9 novembre 1908. — Anonyme française constituée le 30 juin 1908, en transformation de la Société en commandite Voisembert et Cie, pour 50 ans. — Exploitation des anciens Etablissements Voisembert et Cie. — Siège social : 52, rue Chauveau, à Neuilly-sur-Seine. — Année sociale : 1er juillet, 30 juin. — Capital social : 1 million de francs en 10.000 actions de 100 francs, susceptible d'être porté à 1.500.000 fr. Il existe 150 parts de fondateurs, d'apport. — Répartition : 5 % réserve légale, 5 % aux actions ; sur le solde, 30 % au Conseil, 50 % aux actions et 20 % aux parts.

Premiers cours inscrits : 121-123.
Plus haut cours : 128. — *Plus bas :* 120,50.
Dernier cours : 121, *le 26 juin.*

Tréfileries du Landy (Société Anonyme des).

4 octobre, cotation des actions en Banque au comptant. — Publications B. A., 5 juillet, 16 août et 11 octobre 1909. — Anonyme française constituée en août 1909, pour 30 ans. — Exploitation d'une tréfilerie à Saint-Denis (Seine). — Siège social : à Saint-Denis, 112 et 114, rue du Landy. — Année sociale : 1er janvier, 31 décembre. — Assemblée : avant fin juin. — Capital social : 100.000 francs en 1.000 actions de 100 francs, pouvant être porté à 300.000 fr. Les apports ont été évalués à 200.000 francs et il a été attribué 1.500 parts de fondateur. — Répartition : 5 % réserve légale, 5 % aux actions ; sur le solde, 75 % aux actions et 25 % aux parts.

Union Commerciale Indo-Chinoise (L').

1er juin, cotation des actions nouvelles et des parts bénéficiaires au Parquet au comptant (2e partie du Bulletin de la Cote). — Les actions anciennes étaient cotées au Parquet au comptant depuis le 2 novembre 1906. — Publications B. A., 18 janvier 1909. — Société anonyme française constituée le 12 août 1904, pour 50 ans, par la fusion de la Compagnie Lyonnaise Indo-Chinoise, de la Société Godard et Cie d'Hanoï et du Comptoir Français du Tonkin. — Siège social : 19, rue de Valois, Paris. — Année sociale : 1er février, 31 janvier. — Capital social : à l'origine, 5.300.000 francs en 10.600 actions de 500 francs, porté en 1906 à 8 millions de francs ; réduit en 1908 à 2 millions et porté aussitôt à 4 millions de francs, chiffre actuel, en 8.000 actions de 500 francs, dont 4.000 échangées à raison de 4 contre 1 pour les 16.000 actions anciennes et 4.000 libérées de 250 francs et nominatives. Il existe 16.000 parts bénéficiaires. — Répartition : 5 % réserve légale, 5 % au capital versé ; sur le solde, 20 % à la disposition du Conseil, 60 % aux actions (sauf prélèvements pour réserves) et 20 % aux parts. — Administrateurs : MM. H. Estier, U. Pila, J. Vigne, Delpech, Fontaine, Frachon, Gaisman, Jacquier, Lacaze, Thierry, Vaillant. — Service financier au Crédit Industriel et Commercial, à la Banque de l'Indo-Chine et à la Société Générale.

Union Electrique (L').

24 juillet, cotation au Parquet au comptant (2e partie du Bulletin de la Cote), de 1.000 obligations de 500 francs 4 %, série A. — Les actions nouvelles de 100 francs sont cotées au Parquet au comptant depuis le 5 novembre 1908. — Les obligations ont été émises à 410 francs. — Intérêt annuel : 20 francs, payables par moitié, les 1er janvier et 1er juillet. — Remboursables au pair par tirages au sort annuels de 1901 à 1955, sous réserves de remboursement anticipé à toute époque.

Anonyme française constituée le 10 juin 1895, pour 60 ans. — Exploitation du secteur de Saut-Mortier, pour distribution d'électricité dans les départements du Jura et de l'Ain. — Siège social : à Saint-Claude (Jura). — Année sociale : 1er juillet, 30 juin. — Assemblée : en décembre. — Le capital actions est depuis 1907 de 2.600.000 francs en 26.000 actions de 100 francs. — Administrateurs : MM. Tissot, A. Giros, Bouchayer, Fisch, A. Odier, de Pury, Sarasin. — Service financier à la Société Générale.

Union Française des Cinématographistes.

24 avril, cotation des actions, en Banque au comptant. — Publications B. A., 15 février et 5 avril 1909. — Anonyme française constituée le 6 février 1909, pour 90 ans. — Industrie cinématographique. — Siège social : 35, rue du Port-aux-Fouarres, au Parc-Saint-Maur (Seine). — Année sociale : 1er juillet, 30 juin. — Assemblée : avant fin décembre. — Capital social : à l'origine, 300.000 fr. en 3.000 actions de 100 francs et porté en mars 1909 à 400.000 francs en 4.000 actions de 100 francs. Il a été créé 10.000 parts de fondateurs attribuées pour leurs apports à MM. E. Favre et G. Segré. — Répartition : 5 % réserve légale, 5 % au Conseil et à la Direction ; le solde, sauf prélèvements pour réserves, fonds de prévoyance ou d'amortissement, 70 %

aux actions et 30 % aux parts. — Administrateurs : MM. G. de Beauregard, G. Segré, E. Favre. — Service financier au siège social.

Premier cours : 107,50.
Plus haut cours : 110. — Plus bas : 40.
Dernier cours : 60, le 9 décembre.

United States Rubber Company.

9 juin, cotation en Banque au comptant, des actions de première préférence. — Publications B. A., 23 novembre 1908 et 31 mai 1909. — Anonyme américaine constituée le 29 mars 1892, pour 50 ans, sous les lois de l'Etat de New-Jersey (Etats-Unis). — Bottes et souliers en caoutchouc et tous produits de caoutchouc. — Siège social : à New-Brunswick, comté de Middlesex, New-Jersey (Etats-Unis). — Année sociale : 1er avril, 31 mars. — Assemblée : le troisième mardi de mai. — Capital social : à l'origine, 50 millions de dollars en 250.000 actions de préférence et 250.000 actions ordinaires, toutes de 100 dollars ; porté en 1905 à 75 millions de dollars en 400.000 actions de première préférence 8 % non cumulatif, 100.000 actions de deuxième préférence 6 % non cumulatif et 250.000 actions ordinaires, toutes de 100 dollars. — Administrateurs : MM. P. Colt, B. Ford, L. Leland, E. Sawyer, J. Watson, W. S. Ballon, E. E. Benedict, A. N. Brady, H. E. Converse, J. Howard Ford, F. Hastings, F. L. Hine, H. L. Hotchkiss, A. L. Kelley, Shepard, Lynde Stetson, Truesdale, J. D. Vermeule. — Service financier à Paris, chez MM. Dupont et Furlaud, banquiers, 19, rue Scribe.

Dernier dividende : 8 dollars.
Premier cours inscrit : 618.
Plus haut cours : 648. — Plus bas : 595.
Dernier cours : 614, le 31 décembre.

Utah Copper Company (The).

9 juin, cotation des actions en Banque au comptant. — Publications B. A., 23 novembre 1908 et 31 mai 1909. — Société américaine constituée le 29 avril 1904, pour une durée illimitée. (Etat de New-Jersey). — Mines de cuivre et usines aux Etats-Unis. — Siège social : 15, Exchange place, à Jersey City (New-Jersey). — Année sociale : 1er janvier, 31 décembre. — Assemblée : le 4e vendredi d'avril. — Capital social : à l'origine 4.500.000 dollars, porté successivement jusqu'à 1908 à 7.500.000 dollars, chiffre actuel, en 750.000 actions de 10 dollars dont 7.259.000 dollars émis au 31 décembre 1908. Il a été émis 1.500.000 dollars d'obligations 6 % remboursables en 10 ans. Les apports ont été payés 3.542.750 dollars dont 506.250 dollars en obligations et 3 millions 036.500 dollars en actions au pair. La Société est abonnée au Timbre français pour 300.000 actions de 10 dollars représentées par 74.000 certificats au porteur français. — Administrateurs : MM. C. Mac Neil, D. C. Jackling, C. K. Lipman, S. Penrose, Babbitt, J. Hays Hammond, J. D. Hankins, C.

Hayden, Eccles, W. B. Thompson, K. K. Mac Laren. — Service financier à Paris, chez MM. Dupont et Furlaud, banquiers, 19, rue Scribe.

Dernier dividende : 2 dollars.
Premiers cours inscrits : 276-280.
Plus haut cours : 340. — Plus bas : 250.
Dernier cours : 335, le 31 décembre.

Van Ryn Gold Mines Estate, Limited (The).

6 juillet, cotation des actions en Banque à terme et au comptant. — Publications B. A., 14 juin 1909. — Société anglaise constituée le 22 juin 1894, pour une durée illimitée. — La Société a acquis la propriété et les droits de la « Van Ryn Estate and Gold Mining Cy. Ltd » (en liquidation). — Siège social : 257, Winchester House, Old Broad Street, Londres E. C. ; avec bureaux à Paris, 29, rue Taitbout. — Année sociale : 1er juillet, 30 juin. — Capital social : à l'origine, £ 160.000 et successivement porté à son chiffre actuel de £ 500.000 en 500.000 actions de £ 1. — Administrateurs : MM. F. A. Gillam, G. Albu, L. Albu, L. B. Burns, J. Freudenthal, H. Pasteur, J. Secar. — Service financier à Paris au Crédit Lyonnais.

Dernier dividende : 9 shillings.
Dernier cours : 125.

Villemagne (Soc. Minière et Métallurgique de).

12 février, cotation des actions, en Banque au comptant. — Publications B. A., 24 février et 1er juin 1908. — Anonyme française constituée le 10 février 1908, pour 50 ans. — Mines de plomb argentifère, cuivre et autres métaux dans le Gard et dans la Lozère. — Siège social : 2, rue du Quatre-Septembre, Paris. — Année sociale : 1er janvier, 31 décembre. — Assemblée : avant fin juin. — Capital social : à l'origine, 1 million de francs en 10.000 actions de 100 francs, dont 2.200 d'apport attribuées à la Société des « Mines Métalliques des Causses » et à M. L. Jessé-Roux, en outre d'une somme espèces de 230.000 francs et de 2.000 parts de fondateurs. (Il existe 18.000 autres parts de fondateurs distribuées pour concours à la constitution de la Société.) — En fin 1908, le capital a été porté à 1.500.000 francs, en 15.000 actions de 100 francs. — Répartition : 5 % réserve légale, 6 % aux actions ; sur l'excédent, 10 % à un fonds d'amortissement ne pouvant dépasser le montant du capital ; sur le surplus, 10 % au Conseil ; sur le solde, 50 % aux actions (sauf prélèvement pour réserves, etc.) et 50 % aux parts. — Administrateurs : MM. J. Faure, M. Gaillard, A. Le Bègue, J. de Catelin, F. Schiff, C. Legrand, H. Guigne, C. Bailloud. — Service financier à la Société Générale.

Coupon 1 attaché.
Premier cours inscrit : 127,50.
Plus haut cours : 150. — Plus bas : 100.
Dernier cours : 117,50, le 31 décembre.

Vins et Spiritueux (Société Hellénique des).

5 mai, cotation des actions et des parts de fondateurs, en Banque au comptant. — Publications B. A., 29 juin 1908. — Anonyme grecque constituée le 16/29 mai 1906, pour 30 ans. — Siège social : à Athènes. — Année sociale : 1er janvier, 31 décembre. — Assemblée : avant fin mars. — Capital social : 6 millions de drachmes, en 60.000 actions de 100 drachmes, dont 30.000 d'apport à la « Société privilégiée pour favoriser la production et le commerce du Raisin de Corinthe ». Il existe 33.000 parts de fondateurs sans désignation de valeur nominale, remises, savoir : 4.750 à la Société Charilaos et Cie en outre d'une somme espèces de 600.000 drachmes, 22.250 à la « Société Vinicole et d'Industries agricoles », 6.000 à la Banque d'Athènes. — Répartition : 40.000 drachmes par an pour amortissement de la valeur des installations ; 360.000 drachmes pour intérêt de 6 % aux actions ; sur le surplus, après prélèvement de la part revenant au « Raisin de Corinthe », 5 % au Conseil, 5 à 10 % pour réserves ; sur le solde, 60 % aux actions et 40 % aux parts. — Administrateurs : MM. N. Th. Vlangalis, E. Franghiadès, Z. C. Matsas, D. Eliopoulos, Alb. Hamburger, N. Canellopoulos, D. Vorès, A. C. Matsas, D. Calanopoulos. — Service financier à Paris à la Banque de l'Union Parisienne.

	Actions	Parts
Derniers dividendes	10	5,70
Premiers cours	122,25	49,50-50
Plus hauts cours	132,50	52,50
Plus bas	93	38,50
Dernier cours	93	39,50

Pour les actions, le dernier cours est du 12 octobre et pour les parts du 30 juillet.

West Rand Consolidated Mines, Limited.

14 décembre, cotation des actions ordinaires, en Banque au comptant. — Société anonyme transvaalienne, constituée le 6 août 1903, pour une durée indéterminée. — Siège social : à Johannesburg (Transvaal), avec bureau à Londres 200/5 Winchester House, Old Broad Street. — Année sociale : 1er janvier, 31 décembre. — Capital social : à l'origine £ 1.525.000 en 1.500.000 actions ordinaires de £ 1 et 25.000 actions deferred de £ 1 ; porté ensuite à £ 2.025.000 par la création de 500.000 actions ordinaires de £ 1, dont 479.424 d'apport. A l'introduction le capital émis était de £ 2.004.424 en 1.979.424 actions ordinaires de £ 1 et 25.000 actions deferred de £ 1. — Administrateurs : MM. G. Albu, L. Albu, C. S. Goldmann, A. Brakham, J. Friedlander, G. Nathan, W. H. Dawe, S. C. Black, A. French. — Servive financier à Paris à la Banque de l'Union Parisienne, 7, rue Chauchat.

Wisserhof Mines Limited.

1er avril, cotation des actions en Banque au comptant. — Publications B. A., 25 mai 1908. — Société anglaise à responsabilité limitée incorporée le 12 mai 1908, pour une durée illimitée. — Mines de fer en Allemagne. — Siège social : 5, Moorgate Street Buildings, Londres, E. C. ; les bureaux à Paris sont 55, rue Taitbout. — Capital social : £ 125.000 en 12.500 actions ordinaires de £ 10. Les vendeurs ont reçu £ 105.000 d'actions ordinaires. La Société est abonnée au Timbre français pour 4.000 actions. — Administrateurs : MM. Roussel, H. Casevitz, A. de Fonville, J. A. Dreyfus, F. Feldhaus, F. Von Knapp et R. I. Marsden.

VALEURS NOUVELLES

de type semblable aux titres antérieurement cotés par les Sociétés.

Aciéries de France. — Le 15 mai, cotation au Parquet au comptant, de 5.000 actions nouvelles de 500 francs.

Banque et Dépôts (Société Française de). — Le 26 octobre, cotation au Parquet au comptant, de 26.000 actions nouvelles de 500 francs, libérées de 125 francs.

Banque Hypothécaire Franco-Argentine. — Le 6 février, cotation en Banque au comptant, de 10.000 obligations nouvelles de 500 francs 4 %.
Le 5 avril, cotation au Parquet au comptant, de 25.000 obligations nouvelles de 500 fr. 4 %.
Le 8 juillet, cotation au Parquet au comptant, de 50.000 obligations nouvelles de 500 francs 4 %.

Banque Hypothécaire du Royaume de Norwège. — Le 5 mai, cotation au Parquet au comptant, de 47.223 obligations nouvelles de 500 francs 3 1/2 %, série 1907.

Canal de Suez. — Le 1er juillet, cotation au Parquet au comptant, de 30.000 obligations nouvelles de 500 francs 3 %, 3e série.

Chemins de fer de la Banlieue de Reims. — Le 1er mai, cotation au Parquet au comptant (2e partie de la Cote Officielle), de 2.547 obligations nouvelles de 500 francs 4 %.

Chemin de fer du Congo supérieur aux Grands Lacs. — Le 15 octobre, cotation au Parquet au comptant et à terme, de 100.000 actions nouvelles de capital de 250 francs.

Chemin de fer de Goyaz. — Le 28 juillet, cotation au Parquet au comptant, de 20.000 obligations nouvelles de 500 francs 5 %.

Chemins de fer de la Province de Buenos-Ayres. — Le 27 février, cotation au Parquet au comptant, de 40.000 obligations nouvelles de 500 francs 4 1/2 %.
Le 17 mai, cotation au Parquet au comptant, de 10.000 obligations nouvelles de 500 francs 4 1/2 %.
Le 26 juin, cotation au Parquet au comptant, de 50.000 obligations nouvelles de 500 francs 4 1/2 %.
Le 24 décembre, cotation au Parquet au comptant, de 40.000 obligations nouvelles de 500 francs 4 1/2 %.

Chemins de fer de la Province de Santa Fé. — Le 9 janvier, cotation au Parquet au comptant, de 6.000 obligations nouvelles de 500 francs 4 1/2 %.
Le 16 juillet, cotation au Parquet au comptant, de 8.000 obligations nouvelles de 500 francs 4 1/2 %.

Chemins de fer Régionaux des Bouches-du-Rhône. — Le 25 février, cotation au Parquet au comptant, de 675 obligations nouvelles de 500 francs 3 %.

Chemin de fer de Rosario à Puerto-Belgrano. — Le 28 janvier, cotation au Parquet au comptant, de 25.000 obligations nouvelles de 500 francs 5 %.
Le 22 mars, cotation au Parquet au comptant, de 25.000 obligations nouvelles de 500 francs 5 %.

Le 27 mai, cotation au Parquet au comptant, de 50.000 obligations nouvelles de 500 francs 5 %.

Chemin de fer Sao Paulo-Rio Grande. — Le 15 mai, cotation au Parquet au comptant, de 70.000 obligations nouvelles de 500 francs 5 %.

Le 11 novembre, cotation au Parquet au comptant, de 52.642 obligations nouvelles de 500 francs 5 %.

Chemins de fer du Sud-Ouest. — Le 27 décembre, cotation au Parquet au comptant, de 842 obligations nouvelles de 500 francs 4 %.

Comptoir d'Escompte. — Le 5 août, cotation au Parquet au comptant et à terme, de 100.000 actions nouvelles de 500 francs.

Crédit Foncier Argentin. — Le 17 mai, cotation au Parquet au comptant, de 70.000 obligations nouvelles de 500 francs 4 %.

Crédit Foncier Franco-Canadien. — Le 27 août, cotation au Parquet au comptant, de 20.000 obligations nouvelles de 500 francs 3,40 % (4 % jusqu'en 1917).

Crédit Mobilier Français. — Le 30 juin, cotation au Parquet au comptant et à terme, de 90.000 actions nouvelles de 500 francs.

Denain-Anzin. — Le 26 juin, cotation au Parquet au comptant, de 1.500 actions nouvelles de 500 francs.

Dourges (Mines de). — Le 4 décembre, cotation au Parquet au comptant, de 2.500 obligations nouvelles de 500 francs 4 %.

Dyle et Bacalan. — Le 27 février, cotation au Parquet au comptant, de 11.000 actions nouvelles de 500 francs.

Eaux (Compagnie Générale des). — Le 10 septembre, cotation au Parquet au comptant, de 4.000 obligations nouvelles de 500 francs 3 %.

Eaux de la Banlieue de Paris. — Le 15 avril, cotation au Parquet au comptant de 1.000 obligations nouvelles de 500 francs 3 3/4 %.

Eaux et Electricité d'Indo-Chine. — Le 4 juin, cotation au Parquet au comptant, de 3.000 obligations nouvelles de 500 francs 4 1/2 %.

Eclairage, Chauffage, Force Motrice. — Le 11 septembre, cotation au Parquet au comptant, de 41.794 actions nouvelles de 250 francs.

Eclairage, Chauffage par le Gaz. — Le 26 avril, cotation au Parquet au comptant, de 6.645 actions nouvelles de 500 francs.

Electricité (Compagnie Générale d'). — Le 27 septembre, cotation au Parquet au comptant, de 10.000 obligations nouvelles de 500 fr. 4 %, 3ᵉ série.

Electricité de Paris. — Le 22 mars, cotation au Parquet au comptant, de 20.000 obligations nouvelles de 500 francs 4 %.

Electricité de Varsovie. — Le 24 mai, cotation au Parquet au comptant (2ᵉ partie de la Cote Officielle), de 2.798 obligations nouvelles de 500 francs 4 1/2 %.

Est-Lumière. — Le 24 décembre, cotation au Parquet au comptant, de 20.000 actions nouvelles de 100 francs.

Etablissements Bergougnan. — Le 13 janvier, cotation au Parquet au comptant, de 1.058 actions nouvelles de 500 francs.

Fourmi Immobilière. — Le 19 novembre, cotation au Parquet au comptant, de 5.400 actions nouvelles de 100 francs, nominatives.

Gaz de Beyrouth. — Le 10 mars, cotation au Parquet au comptant (2ᵉ partie de la Cote Officielle), de 3.000 obligations nouvelles de 500 francs 5 %.

Gaz de Mulhouse. — Le 15 avril, cotation au Parquet au comptant, de 1.428 obligations nouvelles de 500 francs 4 %.

Hongroise de Charbonnages. — Le 25 octobre, cotation au Parquet au comptant, de 20.000 actions nouvelles de 200 couronnes.

Industrielle Foncière. — Le 26 octobre, cotation au Parquet au comptant, de 6.500 obligations nouvelles de 500 francs 4 1/2 %.

Land Bank of Egypt. — Le 19 janvier, cotation au Parquet au comptant, de 30.000 obligations nouvelles de 500 francs 4 %.

Laurium Grec. — Le 21 juin, cotation en Banque au comptant et à terme, de 50.000 actions nouvelles de 120 drachmes.

Métropolitain. — Le 22 mars, cotation au Parquet au comptant, de 57.812 obligations nouvelles de 500 francs 4 %.

Naphte de Bakou. — Le 19 mai, cotation au Parquet au comptant et à terme, de 16.156 actions nouvelles de 100 roubles.

Omnibus. — Le 9 janvier, cotation au Parquet au comptant de 8.000 obligations nouvelles de 500 francs 4 1/2 %.

Parisienne de Distribution d'Electricité. — Le 17 mai, cotation au Parquet au comptant (depuis cotées au Parquet à terme), de 200.000 actions nouvelles de 250 francs.

Phosphates de Gafsa. — Le 1er juillet, cotation au Parquet au comptant, de 17.500 obligations nouvelles de 500 francs 4 1/2 %.

Port de Para. — Il a été introduit des obligations nouvelles.

Ports de Tunis, Sousse et Sfax. — Le 5 août, cotation au Parquet au comptant, de 2.147 obligations nouvelles de 500 francs 4 %.

Société Générale. — Le 3 juillet, cotation au Parquet au comptant et à terme, de 200.000 actions nouvelles de 500 francs, libérées de 250 francs.

Thomson-Houston. — Le 26 juillet, cotation au Parquet au comptant et à terme, de 40.000 actions nouvelles de 500 francs.

Tramways Electriques et Omnibus de Bordeaux. — Le 17 mai, cotation au Parquet au comptant de 2.000 obligations nouvelles de 500 francs 4 %.

Tramways de l'Indo-Chine. — Le 26 octobre, cotation au Parquet au comptant, de 745 obligations nouvelles de 500 francs 4 1/2 %.

Tramways de Nice et du Littoral. — Le 22 mars, cotation au Parquet au comptant, de 5.000 obligations nouvelles de 500 francs 4 %.

Triphasé. — Le 19 novembre, cotation au Parquet au comptant, de 16.000 actions nouvelles de 500 francs.

Tunisiens (Emprunts 1902-1907). — Le 10 février, cotation au Parquet au comptant et à terme, de 114.052 obligations de 500 francs 3 %.

Union des Gaz. — Le 6 février, cotation au Parquet au comptant, de 10.000 obligations nouvelles 1909 de 500 francs 4 %.
Le 15 mai, cotation au Parquet au comptant, de 5.000 obligations nouvelles 1909 de 500 francs 4 %.
Le 10 septembre, cotation au Parquet au comptant, de 8.000 obligations nouvelles de 500 francs 4 %.

Wagons-Lits. — Le 11 juin, cotation au Parquet au comptant et à terme, de 25.000 actions ordinaires nouvelles de 250 francs.

Troisième Division

HAUSSE & BAISSE

HAUSSE & BAISSE

Les mouvements sont établis d'après les comparaisons entre le premier cours d'introduction et le dernier cours de l'année, jusqu'au 31 Décembre 1909.

VALEURS EN HAUSSE

FONDS D'ÉTATS	Premier cours inscrit	Dernier cours au 31 décemb.
Argentine Dette Intérieure 1905	92 50	96 10
Brésil 5 % or 1908 (Pernambuco)	480 »	513 »
Brésil 5 % 1908	98 80	103 »
Buenos-Ayres 5 % or 1908	475 »	510 »
Buenos-Ayres 4 1/2 % 1909	462 »	489 »
Buenos-Ayres Intérieur 1909 (Obras La Plata)	95 10	95 50
Carthagène (Ville de)	438 »	440 »
Congo Français 1909	454 »	457 »
Espirito Santo	482 50	485 »
Kioto (Ville de)	495 »	516 25
Nouvelle-Calédonie	501 »	503 »
Ottoman 4 % 1908	448 »	471 75
Ottoman 4 % 1909	454 »	457 »
Pernambuco 5 % or 1909	464 »	468 »
Russie 4 1/2 % 1909	90 85	100 70
Santa Fé 6 % or 1908	504 »	530 »
Sao Paulo 5 % 1908	491 »	518 50
Uruguay 5 % 1909	97 50	99 95
Venezuela 3 % 1905	55 »	56 50

VALEURS EN HAUSSE

VALEURS INDUSTRIELLES	Premier cours inscrit	Dernier cours au 31 décemb.
Afrique et Congo, parts	33 50	59 50
Afrique Equatoriale Française, actions	105 »	114 50
Aïn-Arko, parts	300 »	382 »
Air Comprimé, actions	767 »	770 »
Alimentation Sadla, actions	110 »	128 »
Anglo-Saxon Mines, actions	40 »	42 »
Angra (Sucrière d'), actions	120 »	136 50
Apostolake, actions	255 »	262 »
Aragona (Mines d'), actions	100 »	119 »
Ashanti and Gold Coast, actions	22 »	48 50
Automobiles Peugeot, actions	450 »	505 »
Banque de Crédit Hypothécaire de Sao Paulo, oblig. 5 %.	477 »	498 »
Banque Hypothécaire du Royaume de Norvège, obl. 4 %.	491 »	498 »
Banque Industrielle du Japon, obligations 5 %	510 »	513 »
Banque Péninsulaire Mexicaine, actions	234 »	240 »
Banque de l'Union Nouvelle, actions	139 »	177 »
Bellière (Mines de la), actions	510 »	585 »
— — parts	405 »	415 »
Beni-Aicha (Mines de), actions	138 »	173 »
Betica (Mines de la), actions	282 »	358 »
Brasseries de la Meuse, actions	510 »	539 »
Briqueteries et Kaolins d'Auberives, actions	112 »	132 »
Caisse des Redevances, actions	140 »	162 50
Ch. de fer Colombian National Railway, oblig. 6 %.	428 50	445 »
Ch. de fer Georgian Southwestern, oblig. 5 % or	478 »	487 »
Ch. de fer Great North. Cent. Ry of Columbia, obl 5 $\frac{1}{2}$%	425 »	435 »
Ch. de fer Riazan-Ouralsk, oblig. 4 1/2 %	450 »	483 »
Ch. de fer Saint-Louis-San-Francisco, oblig. 5 %	478 »	484 50
Ch. de fer Uruguay East Coast, oblig. 5 %	465 25	468 50
Ch. de fer Volga Bougoulma, oblig. 4 1/2 %	450 »	490 75
Cotonnière Russo-Française, parts	315 »	335 »
Crédit Foncier de France, foncières 1909	249 25	269 50
Dombrowa, parts	1420 »	1520 »
Energie Electrique du Sud-Ouest, actions	507 »	515 »
Engrais Organiques, obligations 5 %	465 »	466 50
Ervedosa (Mines d'), actions	199 »	238 »
Est-Asiatique Danois, actions	855 »	900 »
Etablissements Cazes, actions	602 »	693 »
Etablissements Dautreville, actions	905 »	1070 »
Etablissements Godefroy, actions	100 »	132 »
— — parts	45 »	58 50

VALEURS EN HAUSSE

Valeurs Industrielles *(suite)*	Premier cours inscrit		Dernier cours au 31 décemb.	
Etablissements Nerson, actions	120	»	130	»
Etablissements Voirin, obligations 4 %	450	»	454	»
Farine Parat, actions	122	»	142	»
— — parts	26	»	36	»
Forces Motrices de la Vis, obligations 5 %	485	»	489	»
Forges et Aciéries du Nord et de l'Est, obligations 4 %	497	»	510	»
Franco-Améric. pour le Commerce et l'Industrie, obl. 5%	460	»	465	»
Franco-Néerlandaise de Culture et Commerce, 25°	625	»	715	»
Gaz Comprimés, actions	129	»	155	»
Gaz et Electricité de Lisbonne, actions	290	»	324	»
— — obligations 4 %	431	»	440	»
Gaz Général de Paris, obligations 4 1/2 %	300	»	307	50
Gold Mines Investment, actions	60	»	68	»
Great Cobar, actions	107	50	162	»
Haut-Congo (Compagnie Française du), actions	455	»	499	»
Heliopolis Palace Hotel, actions	275	»	282	»
Hongroise de Cuivres, obligations 5 %	370	»	372	»
Immobilière Commerciale et Civile, actions	110	»	118	»
— — obligations 4 1/2 %	454	»	456	»
Industrie houillère de la Russie Méridionale, act. privil.	455	»	508	»
Kassandra, obligations 5 %	475	»	485	»
Krivoï-Rog, obligations 5 %	505	»	528	»
Larrath (Mines de), actions	150	»	634	»
Lena Goldfields, actions	41	50	47	75
Metropolitan Auto-Cab, preferred	37	50	43	»
— — deferred	32	50	36	25
Mines de Fer (Société Française de), actions	100	»	119	»
Minimax, actions	170	»	172	50
M'Poko, actions	100	»	147	»
— parts	19	»	32	»
Nantaise des Mines de Madagascar, actions	295	»	300	»
New York Taxicab, obligations 6 %	510	»	514	»
Oriental Carpet Manufacturers, actions	180	»	286	»
Papeteries du Limouzin, actions	70	50	88	»
Pernambuco (Compagnie Générale de), obligations 5 %	450	»	457	»
Peru Mines, actions	30	»	48	»
Phosphates Agricoles de la Siliana, actions	145	»	157	»
Prowodnik, actions	536	»	599	»
Railways et Electricité, actions cap	150	»	168	»
— — actions div	418	»	479	»
Roubaisienne d'Eclairage par le Gaz, obligations 4 1/2 %	476	»	478	»

VALEURS EN HAUSSE

Valeurs Industrielles (*suite*)	Premier cours inscrit	Dernier cours au 31 décemb.
Roussillon Tyres and International Rubber, act. ord...	27 50	31 »
Salines de l'Est, obligations 4 1/2 %..................	510 »	514 »
Sapinière (Immobilière de la), obligations 5 %.........	490 »	500 »
Secteur Electrique du Faubourg Saint-Denis, actions..	160 »	190 »
Sucreries Brésiliennes, actions......................	115 »	154 50
Textiles (Compagnie Française des), actions..........	325 »	387 »
Tramways de Buenos-Ayres, actions.................	128 »	141 »
Utah Copper, actions.............................	276 »	335 »

VALEURS EN BAISSE

FONDS D'ÉTATS	Premier cours inscrit	Dernier cours au 31 décemb.
Afrique Occidentale Française	463 »	458 »
Danemark 3 1/2 % 1909	502 50	501 50
Saragosse 1908	440 »	436 »
Stockholm (Ville de)	493 »	489 50
Tucuman 1909 (Province de)	495 »	494 »

VALEURS INDUSTRIELLES

	Premier cours inscrit	Dernier cours au 31 décemb.
Appareils Automatiques Bussoz, actions	320 »	207 50
Banque Franco-Tunisienne de Prêts Mobiliers et Monts de Piété en Tunisie, actions	118 »	106 »
Boléo, actions nouvelles	865 »	849 »
— parts	565 »	510 »
Brakpan Mines, actions	85 »	75 50
Ch. de fer Buzau Nehoiazu, obligations 5 %	480 »	479 »
Ch. de fer de l'Equateur, obligations 5 %	425 »	422 »
Ch. de fer Missouri Oklahoma, obligations 5 % or	478 »	476 »
Ch. de fer Sud-Ouest de Bahia, obligations 6 %	463 »	462 »
Ch. de fer Transalaska Siberian Railway, oblig. 5 %..	432 50	265 »
Cotonnière Russo-Française, actions	933 »	925 »
Crown Mines, actions	229 »	214 »
Dîner de Paris, actions	123 »	70 »
Etablissements Continsouza, actions	205 »	189 »
Etablissements Decauville, actions nouvelles	125 »	114 50
Etablissements Gaillard, actions	142 »	104 »
Etablissements G. Leroy, actions	140 »	134 »
Fermière de Mines en Russie, actions	281 »	256 »
Ferreira Deep, actions	168 »	141 »
Limozin (Société), actions	260 »	105 »
Luna Park, actions	230 »	189 »
Meria (Mines de), actions	120 »	60 »
Metropolitan Fare Register, actions	110 »	100 »
Modderfontein B. Gold Mines, actions	91 »	70 »
Nord d'Alais (Société Houillère du), actions	375 »	362 »
Nord-Sud de Paris, obligations 4 %	483 50	478 50
Paris Hippodrome Skating, actions	49 50	42 50
Phosphates Tunisiens, actions nouvelles	385 »	354 »
Plantations de Caoutchouc de Sumatra, act. divid	205 »	173 »
— — — act. capit	385 »	292 »
Port de Rio Grande do Sul, obligations 5 %	470 »	463 »
Union Française des Cinématographistes, actions	107 50	60 »
United States Rubber, actions	618 »	614 »
Villemagne, actions	127 50	117 50

VALEURS NOUVELLES

qui étaient sans cours inscrits depuis 40 jours au 31 décembre 1909.

(*Pour les cours, se référer aux notices*)	Date de dernière cotation
Accumulateurs Electriques Phœnix, actions............	2 septembre.
Aéro Locomotion, parts...........................	30 août.
Angra (Société Sucrière d'), actions..................	15 novembre.
Anios Limited, actions............................	30 avril.
Baryte de Comines, actions........................	3 septembre.
Cesse (Charbonnages de la), obligations..............	15 mars.
Ciments, Chaux et Produits Céramiques de l'Yonne, act.	21 septembre.
Classes Laborieuses (Aux), actions..................	23 octobre.
Distilleries du Nord, actions priorité................	7 septembre.
— — actions ordinaires..............	7 avril.
Electrolytic Spain and Portugal, actions ordinaires....	5 octobre.
Etablissements Gaillard, parts......................	25 octobre.
Etablissements G. Leroy, parts.....................	7 octobre.
Etablissements Ravasse, actions....................	11 juin.
Galenas Argentiferas de Huelva, actions..............	6 novembre.
Gaz de Beyrouth, actions..........................	20 septembre.
Industrial Arsenic, actions.........................	25 mars.
Industrielle de Produits Chimiques, actions...........	6 juillet.
Institut de l'Ozone, actions........................	11 août.
Live Fish Transport, actions.......................	23 juin.
Mines et Travaux Publics, actions...................	18 mai.
Omnium du Sud-Ouest, actions......................	7 juin.
Peruvian Amazon, actions..........................	17 août.
Porphyre Vert, obligations.........................	19 mai.
Travaux Publics (Compagnie Générale des)...........	26 juin.
Vins et Spiritueux (Société Hellénique de), actions....	12 octobre.
— — — — parts......	30 juillet.

L'Annuaire des Valeurs Nouvelles

paraîtra chaque année régulièrement le 15 janvier, donnant des notices et statistiques sur toutes les Valeurs Nouvelles négociées l'année précédente en Bourse de Paris, Parquet et Coulisse, au comptant et à terme. - Il publiera aussi des statistiques concernant la marche de cours des valeurs introduites dans les années antérieures.

Imp. E. PONROY & Cⁱᵉ, 5, rue Saulnier, Paris

IMPRIMERIE
E. PONROY & Cie
5, RUE SAULNIER
PARIS